「残業しないチーム」と「残業だらけチーム」の習慣

毎日遅くまで残っていたチームが早く帰れるようになった理由

石川和男
ishikawa kazuo

はじめに

私は現在、５つの仕事をしています。

建設会社の総務経理、大学講師、セミナー講師、コンサルタント、そして税理士。

建設会社は、月曜日から金曜日の朝８時30分から夕方５時まで。

その他の仕事は、平日の夜や土曜日にしています。

またプライベートでは、友人と飲み会や遊びに出かけ、家族とカラオケに行って、家ではＤＶＤを観るなど、人生を楽しく過ごしています。


このように楽しく充実した人生を送るためには、メインである建設会社の仕事を定時で終わらせなければなりません。ここで残業してしまうと、他の仕事にしわ寄せがきて、遊ぶ時間どころか睡眠時間もなくなってしまいます。

建設会社は、協力会社を含めて１００億円の売上がある企業です。そこでの総務経理を担当するプレイングマネージャーである私が、そんなに暇なワケはありません。

では、どうやってチーム全体が夕方5時までに仕事を終わらせるのか？
詳しくは本編に譲りますが、どの仕事も効率的に片づけ、探しものを減らし、チーム全体を見える化し、誰が何の仕事をしているか共有する。そして、会議や打ち合わせのムダを徹底的に省くことで、チームの残業を減らしているのです。

前作『仕事が「速いリーダー」と「遅いリーダー」の習慣』では、

・仕事に追われてプライベートな時間が取れない！
・もっと自分の時間が欲しい！
・その他大勢から抜け出したい！

そんな悩みを抱えているリーダーに、ほんの少し習慣を変えるだけで、仕事の効率が劇的に上がる方法をお伝えしました。個人の力を引き出して、個人の能力を高める習慣です。

今回の習慣は「チームが主役」です。チームの力を最大限に引き出すことで、チーム全体で成果を上げる。残業しないチームになって、メンバー全員が充実した人生を楽しむことを目的にしています。

・事務所も机もPCも、頭の中までゴッチャゴチャ。探しものが多い！
・うちのチームは、遅くまで残業する人と早く帰る人に分かれている！
・会議が長い、結論が出ない、雑談が多い！
・たくさん仕事をしているのに、なぜか残業してしまう！
・部下に覇気がない、やる気がない、新入社員の気持ちがわからない！

こんな悩みを解決する50項目の習慣を用意しました。

世の中の働き方は大きく変わってきています。
長時間働く人が会社に貢献している時代から、短時間で成果を出す人が重宝がられる時代に。何時間も働いて成果を出す人は無能で、「ワーク・ライフ・バランス」を取りながら働く人が有能という時代へ、確実に変化してきています。

テレワークによって、自宅でも喫茶店でも、上司がいない場所でも働けるようになりました。午前中の2時間だけ自宅で働き、電車が空いた時間に出社することも可能です。テレワークが主流になれば、従来の9時〜17時までが勤務時間という概念が崩れ、企業側は時間で管理をすることも、長時間働いたから評価するという制度もなくなります。

プレミアムフライデーを実行すれば、金曜の早い時間から旅行に出かけて家族でゆっくり過ごすこともできます。その代わり効率的に働き、今より短い時間で成果を出さなくてはいけません。

これからは、量より質、時間より成果の時代になるのです。

「24時間戦ってでも成果を出しなさい」という時代から、「限られた時間の中で成果を出しなさい」に変わってきています。

「残業してでもいいものを」という時代から、「残業しないでいいものを」に変わってきているのです。

あなたも「今のままではマズイかも」とチームに危機感を抱いていたら、ぜひこの本をお読みください。解決策が盛り込まれています。
私のチームが実践している「残業しない習慣」がお役に立てれば幸いです。

石川 和男

○もくじ　「残業しないチーム」と「残業だらけチーム」の習慣

第2章 ▼▼▼ 時間管理編

第4章 ▼▼▼ 仕事・作業の改善編

第5章 ▼▼▼ コミュニケーション編

第6章 部下育成編

第7章 ▼▼▼ 意識改革 編

◯カバーデザイン　ＯＡＫ　浜田　成実

第1章

職場の環境 編

01

残業しないチームはミニマリスト部屋で、残業だらけチームはゴミ屋敷。

年間150時間。ビジネスパーソンは、この時間を何に使っていると思いますか？

実はこれ、勤務中に「探しもの」をしている時間なのです（大塚商会調べ）。

書類がない、緑の蛍光ペンがない、スティックのりがない、保存したはずのファイルがパソコンから見つけられない、電話をかけようとしたら連絡票がない……。生産性がまったくない「探す」という行為に、多くの時間を費やしているのです。


1日8時間労働だとして、約19日分（150時間÷8時間）。

年間勤務日数が250日だとすると、1日平均36分（150時間÷250日）**も探しものをしていることになります。**もし、探しものに費やす時間を1日平均6分に短縮できたら、毎日30分も残業を短縮することができるのです。

私も20年前までは、平均を軽く上回る年間２００時間以上を探しものに費やしていました。しかし今では、ほとんどものを探すことはありません。断捨離系のビジネス書を何冊も読み、実践したためです。

事務所にある備品類、机やパソコンの中、書棚の書類などから不要なものは徹底的に整理し、残ったものを整頓していきました。

ちなみに「整理」とは、必要なものと不要なものを分け、必要なものだけを残して、不要なものを捨てることです。「整頓」とは、整理して残った必要なものを、いつでも誰でも取り出すことができるように、探しやすく配置することです。

あなたが整理整頓できていても、事務所にはさまざまな年齢、役職、職種の方がいっしょに仕事をしています。**チーム内で整理整頓が行き届いていないと感じたら、全員参加で取り組んでみてください。**

事務所の整理整頓の目的は、片づけることによって見た目を良くすることだけではありません。ものを探すという生産性のない時間を削減し、仕事の効率をアップすることも、大切な目的なのです。

テレビの報道番組でゴミ屋敷の様子が放送されることがあります。家の中はゴミで埋め尽くされ、足の踏み場もない。

そんな光景を見ると、使わない筆記用具、インクの出ない蛍光ペン、大量のメモ用紙、飛び込み営業でもらった折れ曲がった名刺、柿の種の袋の切れ端など、何でもごちゃごちゃに入っていた20年前の私の机の中を思い出します。

一方、ゴミ屋敷とは対極に位置するところに、ミニマリストの部屋があります。

ミニマリストとは、不要なものを徹底的に排除して、必要最低限のものしか置かない人のことを言います。テレビに映し出されたミニマリストの部屋には、机、イス、寝具用マットだけ。すべて畳むことができるため、移動したり、しまったりするのも簡単で、木目調の床が際立っています。持ちものもノートパソコンに、数着の衣類のみとシンプルです。

まだ見たことのない方は、時間のあるときに「ミニマリスト画像」でネット検索してみてください。想像以上に何もない部屋が何枚もアップされています。

01 残業しないチームは、事務所がきれいに整理整頓されている！

ゴミ屋敷のようにもので溢れている事務所では、探すことに労力が注がれます。探している間に集中力も切れて効率が悪くなります。

目の前の仕事に集中するためにも、整理整頓を心がけましょう。

整理整頓の手順は、

①机の中の不要なものを徹底的に捨てる
②共有物を管理するルールを決める
③重要な書類だけ紙ベースで残す
④書棚に使う順に並べる
⑤パソコンの中を整理整頓する

残業しないチームは、事務所がミニマリストの部屋のように片づいています。探すという非効率なことで時間を取られません。

02

残業しないチームは発見が早く、残業だらけチームは迷子になる。

机の引出しから赤のボールペンを取り出そうとしたときに、赤ペンしか入っていなければ、一瞬で取り出すことができます。黒、緑、青のボールペンがあれば、それらが目に入ることにより、少しだけ探す手間がかかります。さらに黒のボールペンと見分けがつかないシャープペンシル、ダンボールに記入するときだけに使うマジック、10色セットだけど黄色とピンクしか使わない蛍光ペン、礼状を書くときしか使わない筆ペン……。増えれば増えるほど、それに比例して探す時間もかかっていきます。

ではどうするか？

チーム全員で、次の方法を実践してみてください。1時間もあれば解決し、今後文房具を探すために時間を取られることはなくなります。

まずは机の中にあるすべての文房具を机の上に出します。すべて出したら、①毎日のように使うもの、②週、月に何度か使うもののうち自分のもの、③メンバーと共有して使うもの、④使わないもの、と大きく4つに分けます。

机の一番上の浅い引き出しには、文房具を収納するスペースがあります。そこにまず、①で選んだエース級の文房具を入れます。

次に②で選んだ文房具も入れますが、①の文房具の奥に収納します。入れ方は使う順です。手前になればなるほど、使う頻度が高い文房具を入れておくのです。

③と④で選んだ文房具は、一旦応接室や会議室のテーブルに並べていきます。大量の消しゴム、ホチキス、はさみ、朱肉……メンバー全員がそれぞれ持ってくるので壮観です。文房具の他に切手、収入印紙、ハガキ、封筒なども並べられるかもしれません。

コンサルティングで伺う顧問先でこの作業を行うと、「なぜこんなにホチキスの芯が大量にあるんだ?」、「輪ゴムは2100年まで使いきれないかも」という現場に立ち会うこともしばしばです。

テーブルに並べ終わった**文房具の中で不要なものは捨て、必要なものだけ共有スペースに移動します。**

そのときに重要なのは、置き場所を決めておくことです。

某牛丼屋のカウンターに座ったとき、醤油、唐辛子、ドレッシングの置く位置がテプラのシールで設定されていました。置く位置が決まっていることにより、お客様の一部は使い終わったら元の位置に戻そうとします。置く場所を決めておくだけで店員の片づける手間が省け、それが積み重なるとかなりの時間を短縮することができるのです。

共有スペースに置く文房具の位置も、同じようにあらかじめ決めておきます。必要な文房具が所定の位置になければ、他のメンバーが使っているという選択しかなくなり、探す手間が省け時間短縮につながります。

さらに、使った人が所定の位置に戻すことで、整理整頓されている状態を持続する効果もあります。

私のエース級文房具を収納する場所には、4色ボールペン、シャープペンシル、消しゴム、黄色の蛍光ペン、18センチの定規のみしか入っていません。その奥には、使う順にデータ印、修正テープ、スティックノリ、シャープペンシルの芯が入っています。

チームでも文房具の管理は徹底しています。郵便物を担当しているメンバーにとって、開封するために使用するハサミや、切手を貼るためのノリは必需品です。メンバーによって必要な文房具は違いますが、各自にとって必要な文房具だけが机の一番上の引き出しに入っています。重要なのは、不要な文房具は捨てて、必要なものだけを身近に置くことです。

残業しないチームは、毎日の時間短縮を積み重ね、探すという手間を節約し、大きな効果を発揮します。

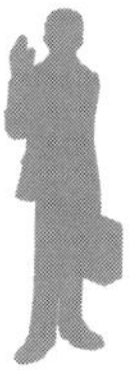

02 残業しないチームは、必要最低限のものしか持たない！

03

残業しないチームは書類をすぐに捨て、残業だらけチームは書類を大事にする。

会社の資産が記入してある報告書を、貸借対照表と言います。資産は「流動資産」と「固定資産」に分けられます。

どう分けるかというと、まず「正常営業循環基準」という基準によって重要な資産を選び出し、「流動資産」に表示します。

では、残った資産がすべて「固定資産」に表示されるのかというと、そうではありません。残った資産のうち、1年以内にお金に換わる資産は「流動資産」に、1年を超えてお金に換わる資産は「固定資産」に表示されるのです。

会社に残す書類もこのような方法で決めることができます。

まずは、会社にとって重要な書類を残していきます。決算書や許可書類などは保存義務もあり、捨てることができないため、必然的に残ります。

問題は、重要かどうか判断できない書類です。

そのときは会計の基準のように「1年基準」を採用します。1年以内に「利用したか」、「必要としたか」、「参考にしたか」で判断します。**1年間、目を通すことのなかった書類を捨てるだけで、かなりの書類は削減されます。**

さらに書類を減らす方法があります。

それは、**片っ端からスキャンしてPDFファイルに換え、ペーパーレス化する**という方法です。これで一気に書類はなくなっていきます。

ただし、どうしても紙ベースで保存しておかなければならない書類もあるでしょう。それらの書類はファイリングして書棚に並べたり、段ボールで保存したりしますが、必ずタイトルをつけます。

1冊だけ、1箱だけだからと記入しないでいると、どんどん無記名のファイルがたまっていきます。無記名が増えると、その都度ファイルを開いて確認しなければ内容がわからないため、その分時間がかかります。

注意したいのは、段ボールの場合です。**6面のうち、下の面を除く5面すべてにタイト**

ルを書いてください。

5面に記入するときは面倒ですが、積み重なったときや置き場所を変えたときなど、書いていない面だけが見える場合があります。すると段ボールを移動させたり、ずらしたりして探すことになり、かえって手間がかかってしまうのです。

また書棚には、利用頻度が高いものから並べていきます。

書棚は3段になっていますが、私のチームは一番取り出しやすい中央の棚に、最も使うファイルを並べています。その次に利用頻度が高いファイルは立った状態で取り出せる上の段、あまり使わないファイルは屈まなければ取れない下の段、というように分けて並べています。

書類を入れる場所なんて大差ないと思われる方もいるかもしれませんが、「カイゼン」や「ムダの排除」で有名なトヨタでは、次のように言われています。

工場内の作業では「1歩1秒1円」（1歩余計に歩くと、1秒かかり1円のロスが出る）。
事務作業では「1歩2秒1円」（1歩余計に歩くと、2秒かかり1円のロスが出る）。

例えば事務作業で、１日１００歩ムダに歩いたとしたら、【２００秒・１００円】ロスすることになります。チームのメンバーが10人なら、【２０００秒・１０００円】。年間２５０日稼働するとして、【約１４０時間・25万円】のロスになるのです。

これが改善の原点です。作業や業務の時間短縮に日々懸命に努力することによって、あれだけの利益を生み出しているのです。

書類を片づけるコツを改めてまとめてみました。ぜひ、実践してみてください。

①まずは捨ててはいけない重要な書類を残す
②判断に迷った書類を１年基準で選別する
③選別した書類もＰＤＦファイルでペーパーレス化する
④書棚の置く書類ファイルは重要なものを取りやすい場所に配置する

03 残業しないチームは、書類の管理が徹底されている！

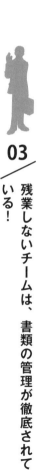

04

残業しないチームはパソコンが整理され、残業だらけチームは整理されていない。

就職のため実家を出て6畳1間のアパートへ。就職1年目は部屋の狭さに耐えられたけど、スーツ、ワイシャツと必需品が増えてくるたびに手狭になる。仕方がないので、いらなくなったものは捨て、卒業アルバムや思い入れのあるものは実家に送る。

7年後。久しぶりの里帰り。送った荷物から小学校時代の友人に連絡しようと住所録を探しても見つからない。読みたいマンガが見当たらない。

山積みになった段ボール。荷物を受け取ったのが父親だったり母親だったり。段ボールに貼りついている送り状には、「DVD」、「書籍」、「衣類」の文字。何とか読める程度の薄い書き込みで、目的のものを探そうとしても見つからない。

あなたにもこんな経験はありませんか?

「1人暮らしの経験がない」、「広い部屋に住んでいる」などさまざまな境遇の人がいるので、該当しないかもしれません。しかし、会社で同じようなことになっている人も多いのではないでしょうか？

それはパソコンの中です。

書類を減らすために片っ端からスキャンしてPDFファイルに換え、ペーパーレス化した結果、事務所の書類はなくなったけど、今度はパソコンの中がゴチャゴチャ。そんな人がいます。

実家に送った段ボールのように、パソコンに保存した書類が入り混じっている、段ボールに貼りついている送り状のようにファイル名にルールがなくて何が入っているかわからない……そういう人は、次の手順で整理整頓してみてください。

① 残すか捨てるかを判断する

会社にとって重要なファイルを残します。残ったファイルは1年基準（03項参照）で判断します。いらないファイルは、どんどんゴミ箱へ捨てていきます。

② 保留フォルダを作成する

ファイルを捨てるのは勇気がいります。捨てる判断が鈍るファイルは、1年延長で保留フォルダに入れておきます。保留フォルダは③にある家系図フォルダに入らないのでデスクトップに置いておきます。1年後、吟味し使わなければ捨てます。

③ 配置する

不要なファイルがなくなったら、今度は探しやすく配置をします。重要なことは必要なファイルが瞬時に見つかることです。実際、パソコンの悩みでは「使い方」、「起動の遅さ」と並んで、「ファイル名がわかりにくい」、「似たようなファイル名で混乱する」、「どのフォルダに入っているかわからない」など、見つけることができないという問題も多いのです。

そこでフォルダ分けのルールを確立します。

（1）メインになるテーマごとにフォルダを分ける

例えば、総務、経理、銀行、人事

（2）主役級のメインが出そろったら、サブフォルダを作る
　例えば、銀行のフォルダならA銀行、B銀行、C銀行
（3）サブフォルダの下に、ファイルを保存する
　例えば、A銀行の下に資金繰り表、受注明細、注文書

実家にある家系図のように枝分かれする仕組みを作っておけば、探す手間が劇的に減ります。

ただし、日々作っているとファイルがどんどん増え続け、わからないようになるので、ルールを決めて保存することが必要です。次の点に注意してください。

・デスクトップにはファイルを置かない
・ファイル名に検索で引っかかるキーワードを入れておく
・ファイル名に2017.10.13など日付も記入する

04 残業しないチームは、データ管理が徹底されている！

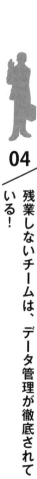

05 残業しないチームは時間で分け、残業だらけチームは種類で分ける。

徹底的に整理整頓を行うことで、ムダな書類を排除し、重要な書類と必要な書類だけを残しました。おかげで量が減り、必要な書類を見つけ出しやすくなって、探すという時間が短縮できました。

さらにメンバーが共有する書類は、使う頻度が高い順に、書棚の取り出しやすい場所に並べていくことで、移動時間も短縮できました。

それでは、個人で使用する書類は、どのように管理すればいいのでしょうか？

実は、共有書類やパソコンにあるファイルとは違う整理整頓方法で、時間短縮を行います。それは、時間順で分類する方法です。

例えば、経理、総務、人事、財務など仕事内容別に分類すると、分けることに時間を費やしてしまいます。さらに総務の場所に保管していたか、人事の場所だったか、経理か、財務かなど、思い出すのにも時間がかかってしまいます。

また、分類するときは総務と思っていたけれど、探すときは人事だと思ってしまうこともあります。人事にないからと、総務を探すと時間のムダです。


そこで**書類を封筒に入れ、書類名と作成日時（保管日時）を記入して時間順に並べます。**

なぜなら、人は「どこに」という場所分類よりも、「いつ」という時間分類のほうが記憶に残ると言われているからです。

並んでいる場所を見ることで、およそいつ保管したか目安をつけることができ、探す手間が大幅に短縮できます。

この方法を使うと、「分類する時間」と「探す時間」の両方を短縮できるのです。


私は個人で使用する書類を机の３番目の引出しに入れています。

また健康診断のデータや生命保険関係の資料などの私用の書類も、仕事で使う書類といっしょにまとめておきます。個人で使用する書類は、会社用、私用含めてすべて机の引き出しの３番目にしかないなら、他を探す必要はなくなります。

新しい書類を前に入れていくので、後ろに並んでいればいるほど使っていない書類になります。重要性がなく、日付も1年以上経っているなら捨てていきましょう。

なお、保存している書類を使用した場合は、一番手前に持ってきます。

名刺も同じように時間順に管理します。まずは、いただいた順番に並べるだけ。連絡や確認のために使用すると一番上に戻すので、必然的に見ることのない名刺が後方に追いやられます。あとは定期的に整理すれば、増えることもなくなります。

書類や名刺の他にも環境を整えることで時間短縮を図れるものがあります。

例えば、コピー機やシュレッダー。これらが、よく使うメンバーではなく、滅多に使わない役員の後ろにあると移動時間がムダになります。企画などを考えるメンバーの後ろだと、通るたびに集中力を切らす原因になります。

電話の配置も重要です。左手で電話を取る人が、右側に電話を配置していると時間がかかります。

その他、同じプロジェクトのメンバーが近くに座っているか、コピー機の近くに補充用紙や替えのインクがあるか……。これらの環境も一度点検してみてください。

私は週1回ジムに行っています。そこにはスマホ用のWi-Fi（無線ＬＡＮ）があり、パスワードを入力すれば、ネットワークに接続され無料でインターネットを使うことができます。ただしパスワードが複雑で、入力するのが面倒なのです。

それでも一度設定してしまえば次から無料でしかも高速で使えるため、時間はかかりましたが設定しました。その後は快適に利用しています。

一方、いっしょに通っている友人はパスワードの入力を面倒がり、いまだにネット環境を整えていません。

同じように、会社も環境を整えることは面倒です。ロッカーや金庫、コピー機の位置を移動したり、メンバーの配置換えをするので、最初は時間がかかります。

ただし一度行ってしまえば、半永久的にいい環境で仕事を行うことができるのです。

05 残業しないチームは、作業時間をできるだけ短くて済むような配置や並べ方をする！

第2章

時間管理 編

06

残業しないチームは退社時間を申告し、残業だらけチームは申告しない。

私の知人で、フェイスブックのダイエットグループに参加していた人がいました。ゲーム感覚で行っていましたが、グループの中にはダイエットに成功した人も失敗した人もいると言います。

両者の何が違っていたかというと、成功した人はグループに毎日体重を申告していたのに対し、失敗した人はたまにしか申告していなかったことです。

人間は意思が弱いです。強制力が働かないとラクなほうへ行ってしまいます。

残業についても同じことが言えます。

私が以前勤めていた会社では、各部署での残業時間にバラつきがありました。ある部署は仕事量が多く、別のある部署は少ないというわけではありません。量的にはさほど変わらないのに、差が生じていたのです。

何が違っていたかというと、残業が少ないチームは残業を申告制にし、残業が多いチームは申告していなかったということです。残業が多いチームは何時までに帰るという意識が弱く、残業してしまうのです。

そこで私は、残業が多いチームのリーダーに「退社時間を申告制にしましょう」とアドバイスしました。

残業しないチームは、朝礼で社員が何時に帰るかを自己申告します。先程のダイエットグループもそうですが、人は宣言すると、「それをしなくてはいけない」という強制力が自然に働きます。

これを社会心理学で「予言の自己成就」と言います。人は意識的にせよ、無意識にせよ、自分の思い描いた行動に出たがる習性があります。思い描いたことを毎回宣言するだけで、思い描いた人間になろうとするのです。

さらに皆の前で宣言し合うことで、「今日、部長は5時に帰るので、4時には書類を終わらせて4時15分までには相談しなければ間に合わない」、「アイツは6時に帰ると言っていたけど、指示していた仕事は間に合うのかな？　昼休みのあとに中間報告するように言わないとな」というように、チーム全体の動きを見ることもできるのです。

しかし、申告制にすることにより問題も発生しました。

宣言通り定時で帰っていきましたが、仕事を持ち帰るメンバーがいたのです。持ち帰った書類を失くしてしまい、そのことが発覚しました。

宣言通り残業しないのはいいのですが、家に持ち帰って仕事をしていては本末転倒です。仕事とプライベートの境界がなくなり精神衛生上良くないばかりか、自宅に資料を持ち帰ると情報漏えいなどのコンプライアンスの問題も発生します。

そこで、**退社時間とともに今日行う仕事の内容もいっしょに申告する**ようにしました。

そうすることでリーダーは、申告時間に帰れない仕事量だと判断したときには、「その仕事は今日中に行わなければならないのか？」、「得意先に対する資料か、単なる社内に回覧する資料か？」、「チームで手伝えることはないか？」などを考えられるようになったのです。

このように申告してもらうことで、短時間で終わらせる仕組みや、他に得意な人や別の部署にふることができないかを検討することもできます。

また、仕事の量が少ないのにダラダラ仕事をしている人を是正することにも役立ちます。インターネットばかり見ていて必要最低限の仕事しかしていない、このようなメンバーがチームにいると、不協和音が生まれます。

インターネットの普及により、仕事のやり方が変わりました。効率的に仕事ができるようになった代わりに、社員が何をやっているかがわかりづらくなったのです。一日中真剣にパソコンに向かっているからといって、仕事をしているとは限りません。仕事内容を申告することは、今日は何を行っているかを知ることにも役立つのです。

もちろん、適正な仕事量を指示しないリーダーにも問題があります。社員間の仕事を均衡化する意味でも、退社時間と仕事内容を申告させましょう。

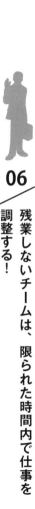

06 残業しないチームは、限られた時間内で仕事を調整する！

07 残業しないチームはサッカーを好み、残業だらけチームは野球を好む。

野球の試合には、時間制限がありません。コールドゲームにでもならない限り、どれだけ点差がついても、必ず9回裏まで行わなければ終わりになりません。粘れば粘るほど時間がかかります。

一方、サッカーは90分という限られた時間の中で戦います。時間がくれば強制的に試合が終わってしまうため、時間的制約の中で結果を出さなければなりません。

残業だらけチームの働き方は、野球の試合に似ています。定時に帰るという制限時間を設けていないため、成果（勝利）が出るまで仕事（試合）を続けることになります。

以前、勤めていた建設会社での話です。

現場を任されている工事部は、毎晩9時過ぎまで残業することが普通でした。「現場の仕事は定時には絶対に終わらない」というのが口癖で、夕方5時まで現場に出て、それ以降に書類作成をするので、残業するのが当たり前という言い分でした。

会社には野球部がありました。

練習は現場が終わってからナイター球場で行われます。練習は月3回、試合は2回という日程でしたが、試合になると必ず5時には仕事を終わらせて全員が球場に集まるのです。部員が9名しかいないため、1人でも欠けると試合ができないという状況なので、みんななんとか仕事を終わらせて集まります。

「現場の仕事は定時には絶対に終わらない」と言っていても、試合の日になると終わらせることができるのです。

定時に帰ったからといって、工期が延びたことも、事故が起こったことも、現場でトラブルになったことも、一度もありませんでした。

現場の所長は、時間に関係なく工程の予定を組んでいたのです。

暗くなるまで現場をやって、そのあとに書類作り。今日の業務が終わったら仕事が終わりというように、時間に関係なく、業務を中心に考えていたのです。

毎日、野球の試合のように時間無制限で仕事を行い続けていますが、実際の野球の試合があるときだけは、定時までに帰るという制限時間が生まれるのです。

あなたのチームでも残業が続いているなら、強制的に終わるように、意図的に定時以降にスケジュールを入れてしまいましょう。

語学の勉強をするために英語やフランス語の学校に通う、社会人大学院に通う、資格の勉強をするために専門学校に通う、がんばったご褒美に好きなアーティストのライブに行く、それこそサッカー観戦に行くのもいいでしょう。

このように、**定時後の予定を入れることで、残業しないで帰るための仕事と時間をやりくりする方法を考えるようになります。**

「残業しなかったら、その時間で何をやってみたいか?」という議題で和やかに話し合ってみましょう。バンド活動などの趣味を広げたいのに、今まで気を使って言い出せなかった部下もいるかもしれません。

一流の経営者ほど、ジムに通ったり水泳やジョギングをしたりして健康に気をつけています。そのために身体を鍛える時間を確保しています。彼らは決して暇なワケではありません。むしろ一般のビジネスパーソンより激務の方が多いです。

では、どうやって時間を作っているのか？

意図的にプライベートをスケジュールに組み入れることによって、時間までに仕事が終わるような仕組みを作っているのです。

残業だらけチームは、「仕事は何時間かかっても完璧に仕上げるのが基本だ」と考え、定時で終わらせる気持ちは二の次です。

残業しないチームは、「就業時間内で最高のパフォーマンスを発揮して、仕事を終わらせるのが基本だ」と考えています。

07 残業しないチームは、強制的に定時で帰るような仕組みを作る！

08
残業しないチームは集中する仕組みを作り、残業だらけチームはダラダラ過ごす。

会社に着くと、上司から重要でもない話で呼び止められ、部下からは質問攻め。コーヒーを入れに給湯室に行くと、他の部署の同期がいたので喫煙室へ。タバコを吸いながらお互いの上司の悪口に花を咲かせて気づいたときには10時半。席に着くなりメールのチェック。膨大な迷惑メールを削除している間に営業の電話。電話を切ると来客の応対。昼休みのチャイムがなって、午前中が終わる。

この人の行動をふり返ってみてください。「生産性の高い仕事」をしていた時間は何分あったでしょうか？

午前中は集中力が高まる時間帯と言われています。逆にランチ後は集中力が低くなる時間帯と言われています。

残業だらけのチームの特徴は、午前中の集中すべき時間帯に生産性の低い仕事をしながらダラダラと過ごします。

午後からは眠気に襲われ、本格的にエンジンがかかるのが定時近くからなので、いつも残業するハメになります。しかも毎日遅くまで働いているので体力的にもきつくなり、夜遅くに食べる食事で胃はもたれ、慢性的な寝不足状態。次の日出社しても覇気がない。まさに負のスパイラルにおちいることになるのです。

以前の職場では、まさにこのような状況が続いていました。

私がマネージャーとして働いている今の職場では、午前中に優先順位の高い仕事を行うことに決めています。

午前中に集中することで優先順位の一番高い仕事を終わらせるのです。優先順位の高い仕事を次々に終わらせていけば、緊急ではなく重要でもない仕事が残っていきます。それらの仕事は、残業してまで行う必要はないのです（会社側も通常の賃金より1・25倍〜1・5倍支払う残業をしてまで、そのレベルの仕事をしなくていいと思うはずです）。

しかし午前中に集中するといっても、最初はなかなか集中することができませんでした。

仕事を始めて10分、だんだん波に乗って集中力が高まってきた瞬間、「石川さん、電話です」……集中ゾーンから、一気に現実世界に引き戻されます。

しつこいセールスの電話を切って再び集中ゾーンに入っていくと、メールの着信音。

パソコンを開くと、ついネットサーフィンをしてしまいます。

再び集中しようと気合を入れ直したら、今度は部下からの質問。

せっかく集中して仕事をしようとしても、集中できる環境になっていません。


集中力をそがれる原因は、大きく分けて2つ。内部と外部からの連絡です。どれだけ気合を入れて仕事をしても、その原因を排除しなければ集中することはできません。

そこで、午前中の2時間を「ガムシャラタイム」と名づけ、個々人が優先順位の高い仕事に集中できる環境を作り出しました。

・電話の取り次ぎ禁止

応対をする人を当番制で決めておく。もし電話がかかってきても、重要ではない案件なら後回しにしてもらう

・メールの禁止

メールソフトを立ち上げないようにして内外からの連絡を遮断する。もし緊急で重要な連絡なら電話をかけてくるので大丈夫

・声がけ禁止

内部からの声がけを防ぐため、事前に同僚や部下と綿密な打ち合わせをしておく

・新人への対応

30分間隔で質問を受ける。もしくは「いっしょにガムシャラタイム」として、指示をしながらいっしょに仕事を行う

・緊急避難

重要な仕事を行いたいときは、空いているなら会議室や応接室を使って仕事をする

このように集中する仕組みを作り出し、午前中の時間帯にガムシャラに仕事を片づけていきましょう。

08 残業しないチームは、午前中に重要な仕事をする！

09

残業しないチームは午前中に集中し、残業だらけチームは午前中に集合する。

以前勤めていた会社では、毎週水曜日の午前中にミーティングを行っていました。水曜会と名づけられたミーティングは、総務部全員が集められます。

ダラダラと会議は続き、終わるのはお昼前。そのあと、仲間内で集まりランチに行くと水曜日の朝に集まる理由は、週の中間で仕事も落ち着いており、電話があまりかかってこないため、集合しても支障は少ない。朝は頭が冴えているので、アイデアもどんどん浮かんでくるからというものでした。

確かにアイデアは出てきましたが、会議が脱線しがちになります。しかもその場で議題が出されるので、進行に時間がかかります。

アイデアは個人ベースでまとめておき、会議は決定の協議だけにするのがベストな時間の使い方です。

残業が問題となったとき、何に時間をかけているのかを調べたことがありました。そうしたら、なんと会議に就業時間の30％もかけていたことがわかったのです。朝の会議は、アポイントの予定などがない限り、延長することができるのも原因のひとつでした。

そこで残業を削減する改革として、会議を夕方の時間帯に変更し、さらに45分という時間制限を設けました。

結果、雑談や脱線しがちな意見も減り、時間通りに終わるようになりました。時間帯を変えるだけで、朝に3時間かけていた会議が45分以内で終わるようになったのです。

それ以上に午前中に集合しないほうがいい理由は、集中できる時間帯を会議などに使うことが「もったいない」からです。

朝にする仕事は、夜にする仕事の3倍になると言われています。疲れた頭で残業をして仕上げた3時間の仕事が、朝だったら1時間で終わることがよくあります。

『健康づくりのための睡眠指針2014』（厚生労働省）では、「人間が十分に覚醒して作業を行うことが可能なのは起床後12～13時間が限界であり、15時間以上では酒気帯び運転と同じ程度の作業能率まで低下する」と衝撃的な指針を発表しています。

注視して欲しいのは、仕事を始めてからではなく、起きてからということです。**6時起きの方なら12時間後の夕方6時には限界を迎え、9時からは酒を飲みながら仕事をしている状態になります。**そんな状態で仕事をしても集中できないことは、容易に想像できます。

午前中は、脳が冴えています。アイデアもどんどん浮かんできますし、事務処理のスピードも速くなります。

かつて残業が慢性化していた頃、ほぼ徹夜で企画書を作っていましたが、朝確認してみると誤字脱字だらけでした。

「夜書いたラブレターは朝もう一度見直せ」という話もあります。夜に仕事をすると、疲れた頭なので時間もかかるだけでなく、ミスややり直しも増えるのです。

夜遅くまで仕事をしていると、疲れが次の日の朝も残っています。その結果、朝の仕事のスピードが遅くなってしまうのです。

大量の仕事をこなして結果も出している一流のリーダーに「なぜ、そんなに大量の仕事ができるのですか？」と伺ったことがあります。

すると、次のような答えが返ってきました。

「昼食を食べる12時までが勝負です。今日のダンドリを考えながら早朝出社、誰もいないオフィスで雑用、メールの確認を行い、そのあとは優先順位の高い仕事を片づけていく。もちろん午前中にはアポを入れません。人と会うのは午後にしています」

残業だらけチームは、朝の集中できる時間帯に集合します。アイデアは浮かんでも、話が脱線しがちです。終業時間まで余裕があるので、ムダに時間を使ってしまいます。

同じ時間でも、どこで何の仕事をするかが重要です。

「午前集中、午後集合」を意識するだけで、効率的な時間の使い方ができるようになります。

09 残業しないチームは、会議やミーティングを午後に行う！

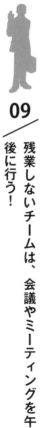

10 残業しないチームは分単位で仕事をし、残業だらけチームは時間単位で仕事をする。

私が集中して仕事をする方法。それは時間を決めて行うことです。現金預金の入力なら15分、請求書のチェックは30分、企画書作成は45分というように、15分刻みで時間を計って仕事を行います。

問題になるのは時間の計り方です。

ストップウォッチだとあと2分、あと1分と残りの時間を目で確認しなければならないので、かえって集中できません。確認しない間に制限時間が経過していることもあります。キッチンタイマーは、音が鳴るので他のメンバーに迷惑がかかります。

そこで私は、スマホのバイブ機能を利用しています。スマホをワイシャツの胸ポケットに入れておきます。制限時間がきたら振動で知らせてくれるので、正確な時間がわかるうえに周りに迷惑をかけません。**終わりの時間を設定することで、集中力も持続します。**

３時に休憩を取る人がいますが、私の場合は30分の資料作りを28分で終えたら残りの２分、企画書の作成を41分で終えたら残りの４分を休憩にあてるので、３時に休憩を取ることはありません（誰かがオヤツを買ってきてくれれば別ですが）。早く終えたためにあまった時間は休憩だけではなく、雑用を済ませたり、部下の進捗状況を聞く時間にあてます。

また1時間に1回は1分間、目を閉じる時間にあてています。

現代人は長時間パソコン画面を見ることや、暗いところでスマホ画面を見ることで目が疲れているそうです。休憩時間をこまめに取って1時間に1分でも目を閉じると、疲労の蓄積度合が変わってきます。ぜひ試してみてください。

アメリカのライフハッカー読者が選ぶ生産性テクニックベスト5にも選ばれた、フランチェスコ・シリロ氏が開発した「ポモドーロ・テクニック」という仕事術があります。

やり方は簡単です。25分集中して5分休憩をワンセットにし、それを繰り返す方法です。

定期的に休憩も取れて、常に集中できる状態を保てるやり方です。

さて、私の方法もフランチェスコ・シリロ氏の方法も、分刻みで集中する方法です。1時間、2時間など、時間単位で設定しません。

「この仕事を1時間で終わらせて」

「会議は2時から3時までを予定しています」

「10時から1時間ほどお時間作っていただけますか？」

あなたは、部下への指示、会議や交渉などの約束を、何となく1時間間隔で決めていませんか？ きりがいいし、先方にも伝えやすいので、つい1時間という単位を使ってしまう気持ちはわかります。しかし、1時間単位はお勧めしません。

1時間は思っている以上に長い時間です。 1時間も確保すると、会議、打ち合わせなど雑談や世間話からスタートして、後半に核心に迫ったりします。私は以前からこの手法が嫌いでした。天気や景気の話は、時間のムダでしかありません。

資料作成ひとつとっても、時間があるから統計などのムダな情報を入れて分量が多くなる、カラーにしてムダな経費を使う、見るほうも読む量が増えてワンメッセージじゃないので結論がわかりづらく時間がかかる。

なんとなく1時間かけていた会議を45分で済ますと決めれば、15分も時間を節約できます。２５０日なら、３７５０分（約62時間）も短縮できます。８時間労働で実に約８日分です。年に1回大型連休が取れる計算になります。

８時間勤務の会社において1時間単位で仕事をすると、８項目の仕事ができます。1時間で行っていた仕事を45分に短縮すれば、１日２時間もあまります。（60分－45分＝15分、15分×８項目＝１２０分）単純計算ですが、今まで毎日２時間残業していたチームなら、この方法で定時に帰れるようになるのです。

「なんとなく1時間」でしていた仕事を「15分間隔」で設定していく。その積み重ねが、時間を管理し生産性を上げていくひとつの方法になるのです。

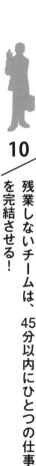

10 残業しないチームは、45分以内にひとつの仕事を完結させる！

11 残業しないチームは時間で考え、残業だらけチームは価格で考える。

朝の準備には、歯ブラシ、シャンプー、コンディショナー、ドライヤーなどを使いますが、若い頃は経済的に余裕がなく、価格の安さで選んでいました。

しかし年齢を重ねるごとに、高くてもいい製品を選ぶという考え方に変わってきました。高品質、高性能な製品を買えば、時間を短縮することができるからです。

例えばバスタオル。安いからといって吸水力の弱いタオルだと時間がかかります。拭き心地も悪く、何度も拭かないと拭ききれないので、毎朝不快感が残ります。

ドライヤーも、安いからと品質の悪い製品を選んでは乾くのに時間がかかりますし、髪も傷みます。「風量、風速、風圧」を考え、髪の傷まないナノケアやマイナスイオン効果がある製品を選ぶことが、時間短縮になるし、ストレスも和らげるのです。

「ここに4000円と1万円の電気シェーバーがあります。あなたなら、どちらを買いますか？」

私が主催する「残業ゼロの時間術」というセミナーでの問題です。

この情報だけだと安いシェーバーを選ぶかもしれませんが、続きがあります。

「4000円のシェーバーは経済的ですが、剃るのに毎朝10分間、しかも剃り残しアリ。1万円は高価ですが、剃るのに3分間、しかも剃り残しナシ」

金額で比較すると前者のほうが6000円お得ですが、時間で検証すると後者は毎朝7分間も短縮できます。差額は6000円、年間300日剃るとしたら、1日平均20円の差です。5年間は使えるとして、差は1日平均たったの4円です。

4円ケチって1日7分間をムダにするか？　1日4円出費して7分間の時間を短縮するか？　こう考えると、7分間短縮できる1万円の電気シェーバーを選ぶ方が多くなるはずです。

ものの価値は、金額だけでなく使用できる頻度や期間、満足度を考慮に入れる必要があります。言い方は悪いですが「時間をお金で買う」のです。

「そんなことわかっているよ！」と言う経営者もいますが、そういう方に限って、職場へ行くと、まだまだ改善できる製品で溢れています。

例えば、処理速度が遅くなったパソコン。

どんな業種でもパソコンは必需品ですが、特に事務的な仕事では、使う頻度はものすごく高いです。1日の大半をパソコンの前に座って仕事をしている人も多いでしょう。パソコンの処理能力が遅いばかりに、待つことに時間を費やされるのは、とても大きな損失です。どんなにメンバーの作業スピードを速くしても、パソコンの処理待ちに時間がかかっていては、意味がありません。しかも、待ちの時間で集中力まで失います。

その他、両面印刷やカラー印刷が遅かったり、頻繁に紙詰まりしたりするコピー機や、少ない枚数しか裁断できず、処理が遅くて音もうるさいシュレッターなど、**待つことに時間が奪われ、品質の悪さでストレスがたまる製品は、チームの優秀なメンバーにとって大きな損失になるのです。**

なんでも高い製品を購入してくださいとは言いません。

節約するより作業効率が上がり、メンバーの集中力も持続して仕事が早く終わるのなら、いい製品を購入することをお勧めします。作業効率が悪いために残業しているなら、残業手当分でいい製品を購入することもできます。

電気シェーバーの話に戻りますが、「4000円と1万円の製品のどちらかを買う」という以外にもうひとつ選択肢があります。それは「買わない」という選択肢です。私はサラリーマンとしては珍しく髭を剃っていないので、買う必要がありません。

仕事に置き換えると、「やらない」という選択肢もあるのです。

古いやり方、以前からある仕事、何となく続いている書類作成などは、やる必要がない可能性もあります。「やらない」という選択肢を加えることで、一気に時間短縮が図れるのです。

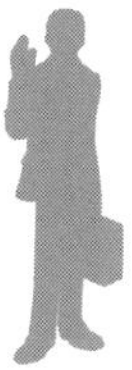

12

残業しないチームは人任せにし、残業だらけチームは自分で行う。

時間術のセミナーで受講生の方々に出題している問題です。

「あなたの会社は東京都庁まで歩いて1時間の場所にあります。受付で渡せばいいだけの書類です。どうすればこの書類を早く都庁に持っていけるでしょうか？　時間短縮方法を考えてみてください」

あなたは、どんな方法を思いつきますか？

早歩きする。自動車を利用する。裏道を探す。道路がすいている時間に行く。電車を利用する。都庁に近い出口を探しておき、乗るホームも考えておく。

いかに時間を使わずに早く届けるか？

さまざまなアイデアが出てきますが、一番いいのは「人に任せる」。

任せてしまえば、自分の時間は1秒たりとも使う必要がありません。

1日は24時間です。忙しいから28時間になったり、暇だから19時間になったりすることはありえません。世界中の人が例外なく1日24時間です。

勤務時間が8時間だとして、注文書作成に45分、企画書作成に45分、伝票整理に30分、合計2時間の時間を使ったら、残りは6時間。しかし、これらの仕事をすべて人に任せれば、あなたは、まだ時間を1秒も使っていません。

「自分の時間を増やすことはできませんが、人に任せることで自分の時間を使わずに済む」のです。

これは、何でも人に任せれば自分が楽をできるという意味ではありません。チームのムダをなくし、その時間を優先順位の高い仕事に集中することを目的にしています。

以前勤めていた会社では、よく銀行や役所で他の部署のメンバーに会うことがありました。お互いの仕事を把握していないために起きるムダです。把握していれば記帳業務や書類の提出などの仕事の重複が避けられ、時間短縮ができたのです。

円卓テーブルを囲うイスに全員が座って満席になる会議室。各部署の部長、副部長、課長が参加しているけれど、管理職全員が出席する必要があるのか？

部長が出席して検討したら、他の管理職に伝達するだけでいいはずです。任せることで部長以外の管理職は、他の仕事に時間をあてることができます。

午前中は集中したい貴重な時間です。

営業の電話や重要性のない連絡でチーム全体が集中できない、そんな場合は、電話応対を当番制にします。月曜日の午前中はAさんが応対。こうすれば、他のメンバーは優先順位の高い仕事に集中することができます。

許可の申請や給与計算、社会保険の手続き、助成金申請などを行うことで残業をしている場合も、「残業代」と「行政書士や社会保険労務士に支払う報酬」を比較検討して、安くなるなら専門家に任せることも有効です。プロに任せたら、残業手当も残業する時間も面倒なストレスも解消されるのです。

残業だらけチームは、人に任せず自分で行おうとします。

「自分の時間は買えないけれど、他人の時間は買えるのです」。

この名言が大好きです。常にこの言葉を意識して、人に任せられる仕事はないか、メンバーが重複して行っている仕事はないかを探しています。

仕事を任せれば、自分の時間は減りません。

残業しないチームになるためには、「お互いに任せ合える信頼性」と「信じる気持ち」が必要なのです。

12 残業しないチームは、人件費が時間に見合わないことはやらない！

第3章

仕事の進め方 編

13

残業しないチームは難しい仕事を簡単に変え、残業だらけチームは難しい仕事をそのままやる。

私は出社すると、まずノートに今日やることを書き出します。株主総会の手続きや決算業務などの重たい仕事から、仮払精算やメール作成などの軽い仕事まで、すべての仕事を書き出しています。さらに、実家の親に連絡、牛乳を買って帰るなど、頭に思い浮かんだことは、私用でもすべて書き出すようにしています。

その理由はなぜか？

頭の中にあるすべての事柄を吐き出して、目の前にある仕事に集中したいからです。たとえハガキを投函するという簡単な仕事でも、**頭の片隅に覚えておくより、ノートに書いてしまうことで目の前にある仕事に集中できるのです。**

このノートを「やることノート」と呼んでいますが、最大のメリットは、やるべきことがすべて書いてあるという安心感です。そして、やることが終わるたびに赤いペンで丸をつけていく達成感は、仕事が楽しくなる要因にもなります。

しかし、丸が増えていっても重たい気持ちになることがあります。

それはなぜか？

ズバリその答えが書いてあるビジネス書がありました。『一流の仕事術』（浜口直太著 明日香出版社）です。

「仕事とは自分のわがままとの戦いで、好きな仕事や自分のできる仕事ばかりを優先していると必ずトラブルが起きる。テキパキと仕事をしているつもりでも落とし穴があるから用心しなければならない」と書かれています。

確かに簡単な仕事であればあるほどすぐに片づき、丸の数も増えていきます。一方で、どんどん処理して丸の数が増えていく達成感と同時に、思考力を要する重たい仕事が残っているという焦燥感も増していくのです。

難易度の高い仕事は残っているので、丸が増えても気分は晴れません。

解決策自体は簡単です。**まず優先順位の高い仕事を終わらせるのです。**それから優先順位の低い仕事をやるようにします。

しかし、言うのは簡単ですが行うのは難しい。なぜなら優先順位の高い仕事は難易度が高かったり、面倒だったり、膨大な量だったりするため、やる気を奮い立たせるのが大変だからです。つい簡単な仕事を優先してしまい、疲れてきた午後に難しい仕事をやり始めることで、パフォーマンスも悪くなり、所要時間も多くなってしまいます。

そこで、**優先順位の高い仕事を細分化します。**

例えば、「決算書の作成」は何日もかけて行う大変な仕事です。ノートに「決算書の作成」と書いても、丸はつけられずにその日が終わってしまいます。毎朝ノートに「決算書の作成」と書き続けることもストレスの要因になります。優先順位の高い仕事が終わらないという罪悪感は増していくばかりです。

結局、丸がつきやすい簡単なものから行い、提出期限が迫るまで取りかかりません。取り組みだした頃には期限が迫り、残業して行うことになってしまいます。

ですから、「決算書の作成」と書いていたのを、『①売上の集計　②管理費のチェック　③給与集計　④給与チェック　⑤法定福利費の確認……』など、行うことを細分化して記入するのです。**細分化することで仕事は簡単な作業に変わっていきます。**

細分化のポイントは、項目をできるだけ細かく分けること。細かくできればできるだけ、簡単になります。

どうしても細かく分けられない作業の場合。例えば、ひとまとまりで土木工事一式の作成に90分かるなら、『①土木一式１　②土木一式２　③土木一式３　……⑩土木一式10』というように、10作業に分けて記入します。そうすると90分続けなければ丸をつけられなかった仕事が、９分行うだけで丸をつけることができ、達成感を得ることができるのです。

チームのメンバーも「やることノート」を取り入れることにより、チーム全体が優先順位の高い仕事を先送りしないで取り組み、所要時間も少なく終わるのです。

13 残業しないチームは、難易度が高い仕事を細かく分けてやりやすくする！

14

残業しないチームは重要な2割の仕事を優先し、残業だらけチームはその他8割を優先する。

あなたは「パレートの法則」をご存知ですか？

イタリアの経済学者ヴィルフレド・パレートが提唱した法則で、「経済活動において全体の数値の大部分は、全体を構成するうちの一部の要素が生み出している」という説です。例えば、「商品の売上の8割は、全商品のうちの2割の銘柄が生み出している」、「企業の売上の8割は、全従業員のうちの2割の従業員で生み出している」、「所得税の8割は、課税対象者の2割が担っている」など、「20対80の法則」、「ニハチの法則」と呼ばれることもあります。

20年ほど前です。元上司から建設会社を立ち上げるので、開業準備を手伝ってくれとの連絡が入りました。

当時は税理士試験の勉強をしていたため、会社が軌道に乗る1年を目途に手伝うことしました。そのとき「パレートの法則」を考えさせられることがあったのです。

元上司である社長は、受注計画の作成、得意先との打ち合わせ、現場担当者の採用などを行い、私は総務経理関係の準備を進めていました。

毎朝8時に出社し、夜11時に退社。深夜2時まで働いたら「今日は3時間残業したな」という感覚でした。会社が作りあげられていく喜びで、寝食を忘れて没頭していたのです。

しかし期限が決まっている仕事があまりに多く、私1人では仕事が滞ってしまうと感じました。そこで、このままでは迷惑をかけると思い社長に相談したのです。

社長は現場一筋です。総務経理の仕事はあまり詳しくないため、何がどう忙しいか仕事内容を紙に書き出すように言われました。

『設立登記、建設業許可の申請、社会保険、雇用保険の加入手続き、銀行口座開設、銀行への資金繰り、以前の取引先への案内、書式の統一、工事現場地図作成、現預金の記帳、公共料金の支払い』次々と書き出しました。

その紙を見た社長は一言、「これだけの量の仕事を1人で行うのは無理だな。しかし設立手続き関係が終われば、多少は落ち着くな」と言ったのです。

確かに設立登記、建設業許可の申請、銀行口座開設などは、一刻を争う緊急かつ重要な仕事ですが、会社を設立したら行わなくて済む仕事です。

紙に書いてすべて見える化したことで気がついたことですが、優先順位の高い仕事が2割、優先順位の低い仕事が8割でした。期限の迫っている仕事が2割、あとからでもいい仕事が8割。私でなければできない仕事が2割、総務経理の経験が多少ある者ならできる仕事が8割でした。

そこで社長と話し合い、6カ月だけ派遣社員を雇い入れました。

書式の統一や現預金の記帳など簡単な8割の仕事は派遣社員に任せ、優先順位が高い2割の仕事を私が行うことにしたのです。

各種手続きなど**自分にしかできない重要かつ緊急な2割の仕事に集中することで、仕事も滞りなく行えるようになりました。**依頼される仕事を次から次へとこなしていたときには気づきませんでしたが、全体の仕事の8割は任せてもいい仕事だったのです。

今の会社でも、仕事の全体像が見えずに忙しいと言う部下がいます。そのようなときは、今抱えている仕事をすべて書き出させます。**書き出すときには、①重要かつ緊急な仕事、**

②重要だけど緊急ではない仕事、③緊急だけど重要ではない仕事、④重要でも緊急でもない仕事、の４つに分けてもらいます。そうすることで、いかに重要じゃなく緊急でもない仕事に時間をかけていたかという事実を知ることができます。

そして楽な仕事や雑用を先に行い、優先順位の高い仕事を後回しにしていたために残業をしていたということに、本人も気がつくのです。

紙に書き出したら、**上位２割の仕事だけをまず行うように指示します。**優先順位の高い仕事をやり終えることでストレスも減ります。残業をしなくても定時内で充分に成果が上がります。

残業しないチームは、優先順位の高い２割の仕事に集中します。優先順位の高い仕事さえ終わらせれば、残りの８割の仕事は、本来やらなくていい仕事、後回しでもいい仕事、隙間の時間でできる仕事、他の人に任せてもいい仕事などが多く、残業せずに済ませることができるのです。

14 残業しないチームは、優先順位の高い仕事がどれかをきちんと理解している！

15 残業しないチームは前倒し、残業だらけチームは後回し。

初めて取り組む仕事や、長期間を要する仕事、クリエイティブな能力を求められる仕事はつい後回しにしがちです。気乗りしないので、普段から行っているルーティンワークや簡単な仕事を優先してしまいます。

しかし、つい後回しにしてしまう仕事も、必ずやらなければならない日がきます。わかっているのに後回し。残業だらけチームには、このような傾向があります。

後回しにすることで、残業が増える理由として、次のようなことが考えられます。

①急いでやるので、ミスややり直しが多発する

納期ぎりぎりになると、無理なスピードでやるので、ミスが発生しやすくなります。やり直しが発生するため、時間が余計にかかります。

仕事はすぐに取りかかれば、内容が記憶に残っているため早くに片づきます。しかし、

後回しにすればするほど記憶が薄れ、完成が遅くなります。どのような仕事でも発生した時点で、すぐに取りかかることが重要です。

②新たな工程に時間を取られてしまう

締め切り間際で仕事を進めると、新たに必要な工程があることに途中で気づくことがあります。その工程を行うために予期せぬ残業が発生する場合があります。

例えば３日後に迫った提出書類の添付資料に身分証明書が必要なことがわかり、取り寄せるのに５日かかる。社長の自署押印がいるのに長期出張に出かけている。

そうならないためにも、前倒しで最初に少しだけでも手をつけて、作業のシミュレーションをしておきましょう。

そうすることで、どのくらい時間がかかるか、他部署や外部に依頼をするのにいつまでに終わらせるかといった全体のスケジュールを掴むことができます。

③別の仕事が舞い込んでしまう可能性がある

例えば月末締め切りの重要な仕事。最後の１週間で行おうと計画を立てていたとします。

そんなときに限って、顧客からコンペの参加を促されるなど、重要な仕事が重なります。こうならないためにも、重要な仕事ほど前倒しで進め、予備日を設けて対応するようにする必要があります。

残業だらけチームにならないためには、新しい仕事が発生したとき、メンバーが前倒しで動けるかの確認を取ることが重要です。具体的には、次のようにするといいでしょう。

① 案件が発生したら、すぐに必要な工程を全部洗い出し、予定表を作成させる

工程をできるだけ細かく書き出します。経験の浅い部下や仕事を後回しにしがちな部下の場合、チームでさまざまな可能性を考えながら工程を書いていく必要があります。すべてうまく書き出せなくても構いません。行っていくうちに、「ここはこうしたほうがいい」、「こう直したほうがいい」などの変更が出てくるのは仕方がないことです。

② 予備時間を確保するように徹底させる

私は、部下に対して「確定している仕事」と「起きることが予測される仕事」さらに「予備の時間」も考慮してスケジュールを組むことを促しています。

確定している仕事とは、毎週火曜日に売上について支店長とミーティングする、毎月15日に未入金の会社のリストが届き報告会がある、などです。

メンバーの中には予定をぎっちり詰め込みすぎてしまう人もいます。そのような人には、毎日1時間は予備の時間を確保するよう伝えるなどの指導を徹底していきます。

全体の予定表をネットで管理したり、ホワイトボードに書いている会社もありますが、細かな作業の予定は当事者だけが把握しているチームも少なくありません。

毎週作業予定表を作成し、チーム全体が見える場所に貼り出すなど、ルール化するといいでしょう。

予備日がない場合には、是正勧告することもできます。

15 残業しないチームは、予定をきちんと立ててから仕事をする！

16

残業しないチームはまず考え、残業だらけチームはまず行動する。

あるチームのリーダーAさんは、「できるだけ早く行動をする」ことを重視していました。

しかし、このチームは残業が多かったのです。

その原因は、ミスやり直しが多発していたことです。


行動スピードを速めようと心がけることはいいのですが、急いでやってしまうとミスが出やすくなります。いくら早くやっても、ミスが起きてしまっては元も子もありません。

やり直しに時間がかかってしまいます。

さらにミスがクレームに発展し、その処理で多くの時間を取られることもあります。

しかも、やり直しはストレスを生み、自分の心を乱します。イライラすると仕事が進まなくなります。負の感情が、さらなる時間のムダ遣いを生むのです。

私は**「決断力」とは、「正しい判断を速くできる能力」**だと考えています。

行動スピードだけを上げても、それ自体が間違えていると、やり直しが生じたり、損失が発生する可能性があります。また、正しい判断ができても、行動スピードが遅いばかりにライバルに先を越されたり、納期に間に合わない場合もあります。

正しい判断を行い、行動のスピードを速めて、初めて「決断力がある」と言えるのです。

正しい決断を行うためには、「紙に書き出してみる」という方法があります。

判断が難しい場合、頭の中だけで考えていると混乱し、問題の所在が整理できず、決断が鈍る傾向にあります。そこで、その決断をしたことによるメリットとデメリットを、できるだけ多く紙に書き出していくのです。

私は建設業に従事していますが、今まで行ったことのない種類の工事を依頼される場合があります。

「その仕事を受注すると、どうなるか？」「新規の事業に投入する技術職員は何人必要か？」「待機職員が減るメリット、次の工事を行うのに技術者が足りなくなるデメリットとは何か？」他にも、「工期までの資金繰りは大丈夫か？」「協力してくれる会社はあるか？」「利益が出るか、損失になるか？」「利益が出るならどれぐらい確保できるか？」など、あらゆる角度からメリットとデメリットを書き出し、整理していきます。

頭の中で考えるのではなく、アウトプットすることで問題の所在が整理でき、より正しい決断ができるようになるのです。

さらに紙に書き出すことで、今まで自分の頭の中だけで悩んでいた問題をチームで共有することができます。

チームのメンバーからさまざまな意見を聞くことで、選択の幅が広がります。

自分で考えるだけでは限界があることも、人の意見を聞くことで、いい知恵が浮かんだり、新たな発見がある場合があります。

上司、同僚のみならず、部下からの意見にも耳を傾けます。若いメンバーの意見から斬新なアイデアが生まれる場合もあるからです。そして何より、部下も頼られていると意気に感じて、その仕事に前向きに取り組むことへつながります。

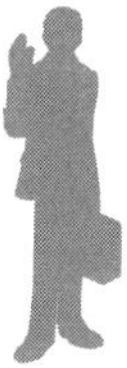

16 残業しないチームは、すばやく状況判断してから作業に取り組む！

残業しないチームは、まず正しい決断をしてから行動スピードを上げていきます。難しい判断をするときは、行動に移す前に紙に書き出して、メリット、デメリットなどを整理します。さらに問題をチームで共有することで、決断の精度とスピードを上げていくのです。

一方残業だらけチームは、行動スピードを上げることだけを重視します。確かにスピードは重要ですが、間違えた方向に加速すると、その時間がムダになり、やり直すことでさらに時間がかかってしまいます。

17 残業しないチームはメールを制限し、残業だらけチームはメールに追われる。

次々と届くメールに一つひとつ返信しているうちに、「あれ、もう2時間も経ってしまった。木曜日までに提出する企画書が全然進まなかったな～。あ～今夜も残業だ。下手したら終電だよ」とため息をつく。

このように、メールはすぐに返さなければならないという強迫観念がある人は意外に多いです。

逆に、メールは毎朝出社と同時に確認し、それ以降は集中するためにメールソフトを立ち上げず、次の日の朝まで確認をしないという人もいます。

確かに仕事に集中すること自体はいいですが、1日1回だとレスポンスが遅いと思われるかもしれません。急を要する仕事の依頼にうまく答えられず、仕事を逃してしまう可能性もあるでしょう。

他のメール問題として、内容を盛り込みすぎた長文で送られてくることもあげられます。本来は手紙で書くべきクレームの謝罪文やお礼文、営業のご案内などは別ですが、確認、連絡、日程報告などスピードが問われるメールもダラダラと書かれています。しかも、結論が最後に書いてあるので内容を理解するのに時間がかかります。

さらに、何にでもＣＣをつける人、それほど重要でもないのに重要マークをつける人、緊急でもない連絡事項に【緊急のお知らせ】とつけてくる人など、残業だらけチームには、メールのルールに統一性がありません。

そのため、聞き漏れや複数回のやり取りの発生などによって、時間が大幅にかかってしまうのです。

残業しないチームは、メールにしっかりとしたルールを設けています。

例として12のルールを紹介します。

① メールチェックは基本的に、１日４回（午前９時、13時、15時、終業時）

※ただし、緊急な取引などを行っている際には臨機応変に対応する

②メールのレスポンスは、原則チェック時にする。すぐ回答できない内容のときは、メールを拝受したことと、いつ返信するかを書き込んでおく

③期限のあるものは件名（タイトル）に期限を入れる

件名だけで完結できる連絡事項は件名に書ききり、相手に本文を開く手間をかけさせない。念のため末尾に（本文なし）と書き添える。

例）【10月15日13時まで回答要】石井さんの送別会の出欠について（本文なし）

④重要マークはつけない。本当に重要な場合にはメールのあとに電話で対応する

⑤定期的に迷惑メールフォルダもチェックする

※以前、大事なお客様からの連絡が迷惑メールに入っていたことに気づかずに、返信しなかったことがあります。先方からお叱りの電話を受けて発覚。

⑥メールは原則5行以内。情報量が多くなってしまう場合は添付資料にまとめる

⑦盛り込みすぎないようにワンメールワンメッセージを心がける

⑧社内メールに「お疲れ様」などの慣用句はいれない

⑨結論→理由→詳細の順で書くように統一する

⑩ 常用フレーズは単語登録をしておく
⑪ ひとつの課題に取り組んでいるときは、先方に探す手間を取らせないために「引用返信」をする
⑫ どんなに遅くなっても退社する前にメールの最終チェックをする

「お疲れ様です」と入力するのには5秒もかかりません。メールを開いて「お疲れ様です」と読むのは2秒ほどです。件名から本文を開くことも、関係のない内容のCCを読むことも、長い文章を読むことも、一つひとつはそれほど時間のかかることではありません。

しかし**毎日何度もやりとりする余計なメールが積み重なると、相当な時間になります。**

これらのムダを改善するだけで、かなりの時間を短縮できます。


残業しないチームが作っているルールをチームに浸透させるだけで、メールに関する不要な時間を削減することができるのです。

17／残業しないチームは、メールチェックのルールを決めている！

18 残業しないチームはメールに頼らず、残業だらけチームはメールに頼る。

メールは便利なツールです。

時間を気にせずに、複数の人に一斉に送信することもできます。

しかし、相手の顔が見えず、聴覚情報もないので、伝わりにくい場合もあります。メールで何度もやり取りしたけど、結局疑問点が解決できない、書いていることが理解できない。仕方がないので電話をしてみたら、1分で解決したということも少なくありません。

私がＩＴ企業へコンサルティングに出向いたとき、こんなことがありました。

チームリーダーのＡさんと残業時間を減らす対策を考えているときに、Ａさんがふと思い出したように言いました。

「ああ、そうだ！（部下の）Ｂから今日の14時までに回答して欲しいと頼まれていた案件があったんです。申し訳ありません。急ぎなので返事をしてもよろしいでしょうか？」

すでに13時半を回っています。緊急で重要な案件なので、もちろんすぐに返事をするように伝えました。

するとAさんはメールを打ち出したのです。

私は、驚きつい周りにも聞こえるような大声を出してしまいました。

「どうしてこの非常事態にメールで送るんですか？ Bさんは社内にいるんですよね？」

Bさんはひとつ上の階で働いているとAさんが答えたので、私は続けました。

「口頭で話したらいかがですか？」

すると、Aさんは次のように返事をしたのです。

「メールのほうが記録として残るからいいんですよ」

そこで私はコンサルタントとして、口頭で伝えるように指示しました。そして、**記録を残したいなら確認として最後にメールで共有すればいい**とつけ加えました。

確かにメールは、文書としての裏づけを残すツールとしては便利です。しかし電話や直接話したら1回で解決することが、メールでは何往復もする可能性があります。

さらに**伝達ミスや認識のズレは、クレームや仕事のやり直しを生んで、残業の原因にな**

るのです。

何よりコミュニケーションが不足すると、部下の様子を把握できません。認知心理学に「人は繰り返し接すると警戒心が薄れ、好感度が高まる」というザイアンス効果、別名単純接触効果と呼ばれる法則もあります。良好な関係を築くうえで、口頭で伝えることも重要なのです。

コミュニケーションが良好になることで、部下が抱えている問題をいち早く把握することができます。また部下もリーダーと話すことで敬語の使い方などを学び、お客様と円滑に話す能力を身につけられます。するとトラブルも減り、仕事が速くなるのです。

伝達手段で一番大切なことは、「伝わる」ことです。

「伝えたつもり」ではなく、「伝わる」コミュニケーションをすることで、ムダな時間はなくなります。結果、残業も少なくなるのです。

伝達手段の使い方をまとめると、

①重要な案件では直接会って対応する
②急ぎの場合には電話をする
③誤解を招く可能性や、複数の解釈があるときは、面談か電話でトラブルを防ぐ
④メールの文面で悩むことで時間がかかりそうなときは、電話をする
⑤優先順位の低い仕事、一斉送信で伝える事項、あとから確認してもらえればいい事項などは、メールやメッセンジャーを利用する
⑥文書の裏づけを残したい場合は、メールをする（面談や電話のあとでも可）

残業しないチームは、メールだけに頼るのではなく、伝達手段を臨機応変に使い分けることで、仕事を効率的に進めていけるのです。

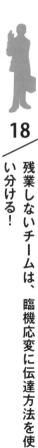

18 残業しないチームは、臨機応変に伝達方法を使い分ける！

19

残業しないチームは真似し、残業だらけチームはオリジナルで考える。

資格試験に最短で合格する方法は、何だと思いますか?

税理士、宅建、日商簿記など資格の勉強を20年続け、資格試験の講師を14年行った経験から確実に言えるのは、過去問を調べ尽くすことです。

どのような形式で問題が出題されるのか(記述式、論述式、○×による正誤問題など)、難易度、ボリュームなどは、過去の問題を見るだけで知ることができます。

そして何より、過去に出題された問題と類似したものが出題される可能性が高く、難易度の低い試験では、まったく同じ問題や数字だけ変えた問題が出題されることもあります。

ですから、過去から受け継がれた問題を解くだけでかなりの高得点が狙えます。過去問を解かないで試験に挑むのは、ゼロベースで問題を解くようなものといっても過言ではありません。

残業だらけチームは、書類をゼロベースから作ります。

企画書や提案書など、提出先が違っていても中身はほとんど変わらない場合が多いのに、ゼロから考えるのは時間のムダです。

知人の旅行会社では、社員が各自でバラバラに企画書を作っていました。「オーダーメイド」という言葉があります。スーツを作るのに既存のものだと体形が合わない。そのような人向けに、オリジナルのサイズで作るのが「オーダーメイド」であり、究極の顧客志向と言えます。

しかし、この「オーダーメイド」は仕事においても必要でしょうか？
言い方を変えると、すべての相手に「オーダーメイド」は必要でしょうか？
答えは否だと思います。

そもそも企画書や提案書の作成の段階では、たたき台で充分です。たたき台を作ってからお客様の傾向に合わせていく。過去に作成された企画書を真似たもので充分です。

残業しないチームでは、過去に諸先輩が作っていた評判のいい企画書や提案書などを踏襲して、新しいものを作っています。それ以外にも、お客様からアポを取るメールの文面、謝罪文、礼状など、マニュアル化できそうなものはすべて踏襲しています。

謝罪文や礼状などの文面は、ゼロベースで考えると時間がかかります。

私のかつての部下は、謝罪文をどう作っていいかわからず、ビジネス文書の本を見ながら悪戦苦闘していました。1時間後、私が外出先から戻り「B社へのお詫び状チェックしようか?」と聞いたら、「まだです」との答えが返ってきて驚いたことを覚えています。「言ってくれれば、以前作った謝罪文のフォーマットを渡したのに」と声を荒げましたが、よくよく考えればリーダーである私の責任です。

札幌の建設会社に勤務していたとき、東京の財閥系会社からKさんが取締役総務部長として出向してきました。

Kさんは3週間以上、書庫に入りびたりで過去の資料を読みふけっていました。株主総会手順、稟議書の書き方、始末書、日報に至るまで、過去にどんなデータがどんな方法で作成されていたのかを把握していったのです。

３カ月も経つ頃には、初めての北海道、初めての赴任先なのに、３年勤めている私よりも会社のことに詳しくなっていました。

過去を調べれば今がわかる。特に書類などは繰り返し作られるものだから、新たに作る必要はないと言っていました。

そのときの教えから、私も過去の書類の重要性に気づき、転職先では、真っ先に書庫の書類やパソコンのデータを読み込むようにしました。

昭和の時代に作られた手書きの決算書、元帳類には、諸先輩方の苦労がにじみ出ています。そんな書類に敬意を払いながら、年代を追うごとに進化していく踏襲された書類。それらをベースにして、修正した書類を作ることで、大幅に残業時間を減らすことができるのです。

19 残業しないチームは、マニュアルやフォーマットを有効活用する！

20 残業しないチームは会議に時間をかけず、残業だらけチームは会議に時間をかける。

「次からは、立って会議を行いませんか？」

私が部長に昇進して最初に手がけたのは「会議の改革」でした。

2週間に一度行われる定例会議。建設現場から所長が集まり、工事の進み具合やコストの増減などの報告を行います。通常、所長は建設現場の仕事を終えると本社に寄らずに現場から直帰します。しかし、会議の日だけは本社に戻ってこなければなりません。

「事務職はいいよな。普段座って仕事をしているから。こっちはさ～、明るいうちは立ち仕事なんだよ。現場仕事で疲れきっているのに、戻ってからも立って会議をするなんて」

そんな声が聞こえてきそうです。内心そう思っていたかもしれません。

しかし、**疲れきっている中での会議だからこそ、立って行う**ことを提案したのです。

定例会議に参加して思ったことは、ただ座って聞いているだけの報告会でしかないということ。自分が発表しているとき以外は、半分寝ている所長もいます。

疲れた身体でリラックスできる肘掛けつきのイスに座っているので、眠気が襲ってくるのも無理はありません。しかし、これでは忙しい中、集まってきた甲斐もありません。

どんなに興味のある本でも、疲れているときにソファで横になって読んでいたら眠くなります。しかし、本屋で立ち読みしながら眠る人はいません。

会議でも、まず話を聞く体制を整えたかったのです。

ただし毎回３時間は行われる会議を、現場終わりに立ったまま行うのでは、さすがに過酷です。このままではパワハラ級の扱いです。そこで会議を早く終わらせるために、次の提案も同時に行いました。

その提案とは、各所長から参加者へ、会議で配る報告書を事前にメールで送信することです。

定例会議の９割は、工事の進み具合や原価管理の話です。そんな説明は読めばわかります。出席者は事前に読み、気になる箇所だけ会議で質問すればいいのです。

毎回3時間は行っていた会議を、立って行う集中力と資料の事前配布により30分未満に短縮できました。実に80％以上の時間を短縮することができたのです。

さらに遅くても1時間以内に終わるように、個別のミーティングや飲み会など何らかの予定を、会議のあとに入れておきました。

会議が始まってから1時間後に予定があれば、期限までに終わらせようと集中します。

もうひとつ、会議で大変だったのが議事録作りです。

以前に勤めていた建設会社でも、毎月1回20名ほどの現場所長が集まり、定例会議を行っていました。

当時の私は総務担当で、入社6年目の28歳。議事録作りとお茶出し係をやらされていました。

議事録は速記のように話し言葉をノートに書き、会議が終わったら要点をまとめて文章に打ち直し、次の日までには工事部長に提出しなければなりません。3時間の会議ならその倍の6時間はかかるので、会議を含めて9時間です。

議事録を作成しても、見直しや改善、そして今後の検討資料に使うこともなかったので、なんてムダな時間なんだと思っていました。

現在の会社では議事録を作っていません。会議中に発表された気づきや注意点を書いたノートをスキャナで取り込み、所長たちから一斉送信で集めた現場進行表とともにパソコンのフォルダに保存して完了です。時間にして10分。以前の職場で6時間かけていたのがウソのようです。

中には、**ボイスレコーダーに録音し、ホワイトボードをカメラ撮影して保存しておくだけで議事録にしている会社もあります。**

会議のムダを省き、空いた時間で重要な業務に集中する環境を作り出していきましょう。

20 残業しないチームは、会議の事前準備をしっかりする！

第4章

仕事・作業の改善 編

21

残業しないチームはふり返り、残業だらけチームは突っ走る。

私の職場は、以前は残業だらけのチームでした。朝予定を立てますが、予定通りにいかず、いつの間にか時間が経ってしまう毎日でした。

部下が急に相談にきた、上司に急に呼ばれて打ち合わせをした、お客様から急に見積の依頼を受けた、これらは日常茶飯事です。その他にも、雑談やネットサーフィンなどをして過ごす時間もありました。

そこで、**朝立てた予定が計画通りに行われたか、1日の終わりにふり返り、検証する**ことにしたのです。検証のポイントは以下の4項目です。

①予定よりも長引いたものはないか？

②急に対応しなければならない仕事はどれくらいあったか？

③ 会議や打ち合わせにどれだけ時間を使っていたか？
④ 生産性のない社内での業務にどれだけ時間を使っていたか？

1日をふり返ることによって、次のようなことがわかりました。

・45分の打ち合わせの予定が90分かかった（決断の遅れ）
・通常20分で終わる面談が60分も話してしまった（先方の話が脱線したため）
・30分で終わるはずの報告書の作成が45分もかかってしまった（パソコンの動きが遅い、買い替え検討）
・B君が提出期限ぎりぎりに資料を提出して、修正が必要になった（今後は最終提出の前に進捗状況の報告を受ける）
・その他、アポなしの来客で時間を使ってしまった、部長に呼び出され30分話をした、部下から仕事の悩みの相談を受けた（突発的なこともあるので、今後の計画に45分の余裕を作らなければならない）

このように1日をふり返ることで、朝立てた予定とのズレを検証し、修正や改善をすることができるのです。

ふり返りをするチームは、時間に対する意識が高まります。

先方の話が脱線すると軌道修正し、処理速度が遅くなったパソコンについては費用対効果を考えるようになります。報告書にこの項目は必要か、提案書をもっと速く作成するにはどうしたらいいかを徹底的に考えるようになります。

すべての仕事をいい意味で疑う、もっといい言葉で言うと吟味するようになります。

徹底的に考えるようになると成長スピードも加速しますし、自ら考えることによりモチベーションも上がるので、何らかの工夫をするようになります。

1日のふり返りをチームとして徹底すれば、時短方法の情報共有にもなるのです。

ふり返りの大切さはわかったが、リーダーは毎日部下のチェックをしなくてはいけないのかというと、そこまでは必要ありません。

残業時間を大幅に削減した私のチームでは、日々のチェックは各個人に任せていました。

ただし、**毎週月曜日のミーティングで、前週に削減した仕事あるいは時間短縮に成功した事例、逆に失敗談などを発表する機会を設けたのです。**

ここで大切なルールは、必ずひとつ以上は発表すること。ただし特に発表する事例がない場合には、ビジネス書などで学んだ残業削減の方法を発表してもいいことにしました。

そして人の意見に対して否定からは入らないこと。否定から入ると新人社員が意見を言いづらくなります。そこで、最終的に違う考えが出てくることは構わないが、まず発表したこと自体は尊重するというスタンスにしました。

また、前週に新しい仕事を始めた場合は、何か減らせるものはないかの検討も行いました。**仕事がひとつ増えたら、ひとつ減らせないか考える**ことにしたのです。

このように発表の機会を作ることで日々ふり返らないといけない仕組みを作り、より一層ムダが省かれて、残業しないチームへと変わっていったのです。

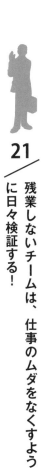

21 残業しないチームは、仕事のムダをなくすように日々検証する！

22

残業しないチームはよく会話し、残業だらけチームはほとんど話さない。

私が新入社員だった1990年代前半は、まだネット環境が普及しておらず、主な通信手段は電話やFAX、郵便でした。

日中は電話が鳴り続け、先輩たちが電話応対をしています。そのやりとりを聞くことで、取引の仕方や、お客様との接し方などを自然に覚えることができました。

FAXを送信したり、郵送する書類をコピーするのは新人の役目です。それらをしながら、どのような書類が作られているのかを勉強し、情報を共有することができました。

パソコンも10人の部署に2、3台の時代です。何名かで共有して使っていたので、リーダーが作った手書きの原稿をパソコンへ入力したり、時間があるときは先輩の作ったファイルなどを（盗み）見て、真似ることで学ぶことができました。

しかし、最近は電話やFAXが鳴る回数が少ないと思いませんか？

お客様や関係部署など、外部への対応のほとんどがメールで済んでいるからです。同じ部署のリーダーや先輩にもメールでやり取りすることが多くなりました。すぐ目の前の人でさえ、メールだけでやり取りしているというケースもあります。そのため先輩たちの電話対応を聞く機会が少なくなり、雑用の手伝いも減り、情報を共有することが減りました。パソコンも1人1台の時代。先輩の作ったファイルを見る機会も、ほとんどありません。

このように、**以前は自然と入ってきた情報が今では減ってしまったため、情報を共有することも意図的に行わなければできない時代になりました。**

仕事は上司の背中を見て盗むものと教えられていましたが、今では盗むチャンスも減っています。

ある会社の営業リーダーのBさんは、書類の不備が多くカスタマーサービスセンターから指導を受けてしまいました。メンバーたちが何度も似たようなミスを繰り返していたからです。

営業は8000点以上の商品を扱っています。それだけあると、すべての商品を把握すて使えない商品番号を使用しているというケースでした。

　一方、同じ商品を扱っているAさんのチームは、このようなミスが起こりません。とはいえ、メンバーがすべての商品を把握しているわけではありません。商品番号の変更や廃番は毎月10日に商品部からメールが送られてきます。Aさんのチームでは、その都度、変更された番号を壁に貼り出し、各担当者が取引先にメールをするという仕組みを共有していたのです。

　どうやったらミスをしないかをチームで話し合った結果、生まれた方法です。全員が徹底することでチームでのミスがなくなりました。

　しかし共有することでムダな時間が減ることがわかっていても、メンバー同士で実行することは、意外と難しいものです。

「私の企画書すごく参考になりますよ」、「この提案書かなりうまくいきましたよ」、「クレームの謝罪文はこれでバッチリです」とメンバー同士で自慢し合うことはないからです。

そこで**リーダーが共有の場を設けるのです。**

リーダーのもとには決裁や稟議で多くの書類が回覧されてきます。それらの書類の中から、共有できる書類を保存しておきます。他の部署で作成された書類もいいものは取り入れます。それらの書類を次のミーティングでメンバーと共有するのです。

共有する書類には作成者の名前を記入しておきます。優秀な書類として取りあげられる機会が多ければ、社員のやる気にもつながります。

メンバー各々に考える力を持たせることは悪くありませんが、属人性が非効率を呼ぶこともあります。

失敗事例（もちろん成功事例も）を共有することで、チーム内で起こったミスは繰り返されません。部下もリーダーの考えを共有することで、残業しないチームになっていくのです。

22 残業しないチームは、成功体験や失敗体験を共有する！

23

残業しないチームは新しい手法を取り入れ、残業だらけチームは慣習で働く。

私の友人が不動産投資関係の仕事に転職しました。

その職場では、朝10時から社員全員で一斉に電話をかけ始めます。電話を使って面会や訪問のアポイントを取る、俗に言うテレアポの営業です。テレアポは12時まで続きます。電話を受けた方からすれば、知らない会社から高額な商品を案内されるわけです。ですから、話を聞いてくれることすら厳しい状況で、怒鳴られたり、無言で切られたりすることもあります。そのため、精神的に疲れた社員が退職することも多いそうです。

午後からは飛び込み営業のために外出。アポが取れない限り、18時までは会社に戻れないという暗黙のルールまであります。

帰社後も打ち合わせや反省会を行います。さらに日報の作成を行いますが、項目も多いため毎日1時間以上かけて作成していたそうです。

こんな過酷なサイクルで仕事をしている会社に友人が入社したのです。ブラック企業とまで言いませんが、退職者が多いため求人広告には毎回募集記事が載っています。友人は30代前半の女性ですが、営業職は初めてで、不動産投資の知識もありません。

しかし彼女は1年も経たずに課長に昇進したのです。毎月の契約率はチームでトップ。しかも残業ゼロ。

彼女は、残業もせずにいかにして成約率トップになったのか？

彼女は新人研修を終えたあと、**「テレアポも飛び込み営業も一切しません。3カ月だけ自由にやらせてください。その代わり、それまで成約できなければお金も一切いりません」と宣言し、上司から了解を得たそうです。**

そして彼女が行った行動は、SNSで情報を発信することでした。ブログ、フェイスブック、ツイッター、インスタグラムで毎日投稿を行います。他の社員が電話営業、飛び込み営業をしている間に原稿を書き続けます。

発信する内容は商品の宣伝ではありません。「商品を買ってください」ということは一切書いていないのです。そもそも記事には商品が載っていません。

例えば、サラリーマンがマンション経営をした場合のメリットやデメリット、どのくらいの年収から不動産を購入できるのかなど、不動産関係の知識をわかりやすく、いろんなたとえ話を載せながら投稿したのです。

本人も不動産投資については、まだ素人です。素人なので、なるべく専門用語を使わずにわかりやすく書くので、読み手にも伝わります。


閲覧してくれる人が増えたところで、同時並行して作っていたホームページとメールマガジンのリンクを貼りました。

リンク先であるホームページで商品の購入を促したのか？ いいえ、ここでも一切の売り込みをしません。「不動産投資の無料セミナー」の告知だけがされています。

もともと不動産関係に興味を持っている人がブログやフェイスブックを見ています。しかもセミナーは無料。セミナー会場に足を運ぶことになります。

参加者は、彼女が毎日更新しているブログなどで不動産の知識を得ています。もともと興味も持っています。会ってはいませんが、毎日の投稿で良好な関係性も生まれています。

セミナーを聞いた参加者は（強引な営業をしているわけでもないのに）、かなりの確率で不動産投資の契約を結ぶそうです。

ＳＮＳで発信↓ホームページでセミナーの告知↓セミナーで商品紹介

このような流れで営業を行いました。その結果、朝から晩まで働いている社員よりも、少ない時間でより多くの成約を結び、1年も経たずに課長に昇進したのです。
今ではテレアポ、飛び込み営業の時間を3分の1に減らし、彼女の作った営業の流れを強化しています。飛び込み営業も3時には終え、ムダな日報の項目を減らし、その時間を不動産投資の研究やセミナー能力を高めるための勉強会にあてたのです。

残業しないチームは新しい手法を学び取り入れることで、成果も時間も手に入れているのです。

23 残業しないチームは、新しいチャレンジを奨励する！

24

残業しないチームは残業しないと決め、残業だらけチームは定時で帰ることを諦める。

残業しないためには、まず「残業しない」とチームで決める。

「定時に終わるわけがない」と思い込んでいるメンバーがいるとしたら、その考え方からまず改革しなくてはいけません。

ただし「6時に帰る」ことが目的ではなく、「生産性を下げないで残業せずに帰る」ことが目的です。毎日定時に帰っても、重要な仕事をやり残したり、家に持ち帰っていたら意味がありません。

「残業が悪い」のではなく、「定時で帰ることを諦めて残業していることが悪い」のです。

そうは言っても、リーダーが急に「よし！ 業務をスリム化して今日から6時に帰ろう！」「6時になったら電気を消そう！」、「月から金までノー残業デー！」と名目だけのスローガンを掲げたところで、「この仕事量を定時で終わらせるなんて絶対無理。現場がわかっていない」と不満を言われて終わります。

だからこそ、「残業しないで帰るためにできることは何か？」を、チームとしてメンバーを巻き込んで、その方法を考えていく必要があるのです。

小学校時代の夏休みの宿題を思い出してください。

2学期が始まる直前まで、花火大会、クワガタ採集、スイカ割りと遊びまわってラスト数日で宿題をやり始める。宿題をすべて書き出し、兄弟の絵日記を参考に自分の絵日記を完成し、親にお願いして自由研究を手伝ってもらう。ものすごいスピードで本を読みきって読書感想文を書く。

これをチームでの仕事に置き換えてみましょう。

やることをすべて書き出し、メンバーが作った企画書を参考にして企画書を完成させ、資料集めなどは仕事に余裕があるメンバーに手伝ってもらう。ものすごいスピードで資料を読みきって仕事を終わらせるということになります。

夏休みの宿題は、9月1日までに提出しなさいという「締め切り」があるからこそ、自分で方法を考え、家族を巻き込んででも、なんとか終わらせる努力をします。

仕事も6時までに終わらせなさいという「締め切り」があれば、自分で方法を考え、チームを巻き込んででも、なんとか終わらせる努力をします。

私の知り合いは残業が多い会社に勤務していました。

会社の業績が悪くなり、経費節減のため都内から家賃の安い郊外に移転したのですが、そこは墓地のすぐ目の前。1人で残業しているのに違う部署に人の気配がする、誰もいないトイレに電気がつく、社員が帰ったあとなのに警報器が鳴るなど、幽霊が出るという噂が広がっていきました。

すると、今までどれだけ残業ゼロを実践しようとしても「残業しないと終わらない」と諦めていた社員たちが、定時とともに我先にと帰るようになったのです。

しかも、驚くことに業績も上がりました。

なぜなら定時に帰るという絶対的期限が、意識的にせよ無意識にせよ、生産性の高い仕事、つまり優先順位の高い仕事から片づけていく習慣を作ったからです。

24 残業しないチームは、定時で帰ることを前提に仕事のやり方を考える！

残業手当がなくなるだけでも、同じ業績を上げていれば当然利益に反映されます。

残業だらけチームは、定時で帰る方法を真剣に考えず「残業して終わらせればいい」と安易な方法を選択します。また仕事を個人で抱え込むことで、その量の多さに定時で帰ることを諦めてしまう場合があります。

しかし会社は、個人ではなくチームで成果を上げるところです。メンバーに相談することで効率的な方法が見つかったり、アイデアが浮かんだりします。お互いがあいている時間に手伝うことで、時間短縮を図ることもできます。

まずは「残業しない」と決めて、「どうやったら時間内に仕事が終わるのか」をメンバーと一緒に考えましょう。

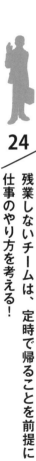

25 残業しないチームは異業種とつき合い、残業だらけチームは社内でつるむ。

家と会社との往復。毎日がこのパターン。たまに早めに仕事が終わっても会社の仲間と飲みに行くだけ。

確かに、社内の人と交流すること自体は必要です。チームとして交流を深め、効率的な仕事の進め方やお客様情報の交換、今後のビジョンなどを話すことは重要だからです。

しかし**同じチームに属していると、考え方や思考が似てきます。**

夫婦も長年いっしょにいると似てくると言いますが、同僚や上司部下も同じです。

中国での話です。

2歳ぐらいの女児の頭が階段の手すりに挟まっていました。それに気づいて大勢の大人たちが集まりました。大人たちは挟まった女児を助けるため女児の身体を引っ張りますが、なかなか手すりから抜けません。苦しむ女児。焦る大人。手すりの幅を広げたり、石鹸を塗ったり、いろいろ試す大人たち。

途方に暮れている中、１人の女性が現れて、女児を頭側から引っ張りました。すると、簡単に抜けたのです。頭より身体が小さな子供にとって当たり前の方法でしたが、皆が共通の思考にあるうちは気づかなかったのです。

チーム内でしか行動をともにしない場合、この女児を助けようとした大人たちのように思考がいっしょになり、会社の危機的状況も乗りきれなくなるかもしれません。

そういった意味でも、他業種の人との交流が必要になります。

まったく関係のない業種の人の話が、仕事の参考になることも多いのです。

例えばホームページを作成しようと考えた場合。インターネットで業者を探すと、こちらの知識が乏しく不要なオプションをつけられたり、クオリティが低かったりする可能性もあります。しかし異業種とコネクトがあれば、相談に乗ってくれる人が出てきます。知人経由だと良心的な対応もしてくれますし、業者と交渉をする前に予備知識を得ることもできます。

さらに昨今では、仕事術を磨くセミナーなども多くあります。

ＰＣスキルや文書の書き方などは、仕事のスピードを速めるヒントが満載です。実際に私自身、仕事術や時間術、ＰＣの使い方などのセミナーに参加し、実践することで、仕事が速くなりました。

また、**社内以外の人と交流すると、約束した時間を大切にします。**

社内の同僚だと仕事優先になってしまい、延期や中止をすることができますが、異業種の集まりだとそうはいきません。19時集合なら19時までに仕事を終わらせ、集まる努力をします。

時間に間に合うように逆算して仕事を進めるので、残業が少なくなります。期限を設けたことで、朝から段取りを考え、優先順位の高い仕事をやり、不要な仕事を捨てるなどの工夫をしなくてはならないので、仕事を速めるコツが身につくのです。

25 残業しないチームは、仕事を速くするヒントを外部から取り入れる！

さらに社外の人と交流するには、自分を常に磨いていかなければなりません。なぜなら、共通点が社内の人より少ないからです。

社内の人が相手なら、他の部署の話題や困った取引先の話題ができますが、社外の人が相手だと、ビジネス情報などを自ら学び、最低限自分の業界のことを話せるようにしておかないと恥をかきます。よって、読書など自分を高める時間も必要になります。

残業しないチームのメンバーは、会社のトラブルについても広い視野で考え、外部に相談できる人材を多く持っています。

そして異業種の方々と切磋琢磨するために自分自身を磨きます。磨くための勉強は、社内の仕事を速く進めるノウハウを身につけることにもなるのです。

26

残業しないチームはミスを組織で考え、残業だらけチームはミスを個人で考える。

私は、数字の入力、注文書の作成、仕事の段取りなどで、たまにミスをすることがあります。また、今までに4冊のビジネス書を出版していますが、どの原稿も何度も何度も見直し、完璧な状態にして編集者に渡しているつもりでも、誤字脱字というミスを指摘されて原稿が戻ってきてしまいます。

このように、ミスは必ず発生します。間違い、勘違い、うっかりは起こる可能性があるのです。しかし**「ミスは絶対になくならない」で終わらせてはいけません。**起こったミスを反省し、検証して、減らす仕組み作りをする必要があります。

なぜなら、ミスは思っている以上に損失を与えるからです。

例えば、建設現場で水道管などの埋設物を切ってしまうというミスが発生した場合、ただちに工事をストップして修繕しなければなりません。次の工程に取りかかりたいと思っても、復旧するまで工事が再開できず、時間がかかってしまいます。

検証中は働いている労務者は待機していなければならず､モチベーションが下がります。

発注者からの信用も失い、次の工事を受注する機会を失う可能性があります。

当然、復旧するための費用（お金）もかかります。

このように、ミスを防げなかったことで、さまざまな損失を受けるのです。


では、どのようにミスを防いでいくのか？

「お前何やっているんだ！」「気をつけろよ！」「ボーっとしているからだ！」と怒鳴りつけても解決しません。

「どんまい」「失敗は誰にでもあるよ」「次はミスしなきゃいいから」と慰めたからといって、解決するものでもありません。

根本的な解決策を見つけだし、同じミスを繰り返さないようにするのです。

私は、ミスを防ぐために以下のような対策をしています。

声出し確認……長時間労働をしているときなどは注意散漫になりやすく、頭の中だけで考えているとミスに気づかずに作業を続けてしまう場合があります。そんなときは、声に出しながら作業をするのです。もちろん周りに迷惑をかけない程度の囁くような小声です。

指さし確認……もともとは蒸気機関車の運転士が、信号確認のために行っていた安全動作で、建設現場でも安全対策として取り入れられています。

どちらも頭の中で考えるだけではなく、目で見て、口に出して、耳で聞いて、体を動かすというように、多くの感覚器官を使って行動するので注意することに意識が働き、ミスをかなり防ぐことができます。

しかし、個人の力には限界があります。

そこで、チームとして対策を練る必要が出てくるのです。チームとしてミスを防ぐために、以下の対策を行っています。

相互補完……例えば振込明細書を作成したときは、2人ペアになって読み合わせをしてチェックします。

対策ノート……ミスをしてしまったら、同じ間違いを繰り返さないように対策を練り、ノートに書きます。特に現場での事故は、検証しないと何度も繰り返される傾向にあります。原因分析と再発防止対策を行うことが重要です。

ミスした本人でなくても他の者が同じミスをすれば、会社全体としては同じミスを二度したことになります。対策ノートを共有することで、同じミスを防ぐ効果が期待できます。

また、同じ人が何度もミスを繰り返す場合には、その人に仕事が集まりすぎていないか、能力以上の負荷がかかっていないか、悩みを抱えていないかなどについて、ケアをする必要があります。

26 残業しないチームは、ミスをしない仕組みを作る!

ミスを挽回するためには時間がかかります。残業や休日出勤をする場合もあります。残業しないチームは組織全体で対策を考え、協力し合うことでミスを防いでいるのです。

27 残業しないチームは動かず、残業だらけチームは動き回る。

残業しないチームは、ムダな動きをしません。

例えば、会議。別のフロアにある会議室まで移動するのに、往復で5分かかるとします。5人で参加すると、1回の会議にチームが移動した時間だけで25分（5分×5人）にもなります。それが平日毎日行われるなら、25分×5日＝125分。チームで考えたとき、1週間で2時間以上も、移動に時間を費やしていることになるのです。

ここで考えなければならないのは、「全員で参加する必要があるのか」、「移動の時間がムダなのか、ムダではないのか？」ということです。もし、ムダが発生していると考えられるのなら、改善しなくてはなりません。

あなたのチームの作業には、ムダがありませんか？　ムダな作業をなくすためには、まずチームの現状を把握しましょう。部下や後輩がどの仕事にどれくらい時間をかけているか確認します。

そのためには**チームのタスクの洗い出しから着手するのです。**

メンバーのタスク一つひとつの内容や時間を把握するのは大変ですが、チームとして生産性を上げていくためには避けて通れない道だと思ってください。

メンバー全員のタスクを洗い出したら、**次に必要かムダかを見極めなければなりません。**

先ほど例にあげた会議も、すべてがムダなわけではありません。直接会って情報を共有する場も必要ですし、雑談も大事なコミュニケーションになります。重要なのは「本当のムダ」を洗い出すことです。

見極めのポイントを質問形式であげてみました。あなたのチームに、必要なことなのか、ムダなことなのかを確認してみてください。

・会議のムダ

明確な議題は決まっているか？／ゴールが設定されているか？／同じことを何度も議論していないか？／参加人数が多くないか？／会議室までの移動時間が長くないか？

・外出のムダ

本当に外出が必要か？／ネット会議など他の手段はないか？／2人（複数）で行く必要があるのか？／まとめて外出することで移動時間を減らせないか？／メンバーが近くに行く予定はないか？

・面談のムダ

本当に直接会う必要があるのか？／電話やメールではダメか？／毎回会う必要があるのか？

・資料や書類のムダ

会議の資料が多すぎないか？／1枚にまとまらないか？／その書類は本当にすべて読む必要があるのか？／全員が書類を読む必要があるのか？

・メールのムダ

本当にメンバー全員に送信する必要があるのか？／メール整理に時間をかけていない

か？／自動ふり分けなど自動化できる部分はないか？

これらの項目が必要かムダかの見極めが重要なのです。もちろん、会社やチーム、時期によっても答えは変わってきます。あなたのチームを思い浮かべて、少しでもムダだと感じる部分や要素があるなら見直してみてください。

タスクのムダを省いたら、最後に重要なのは人選です。最適な仕事を、最適な人材に任せましょう。

部下に任せることと、教えることは、手間も時間もかかります。しかし部下や後輩がその仕事をできるようになることで、チーム全体の業務でスピードアップが図れます。

１人だけならどうにもならない業務も、分担できるのはチームならではの強み。最小限の動きで最大限の成果につながるよう、まずは「ムダな動き」を意識して削ることから始めてみましょう。

27／残業しないチームは、最適な仕事を最適な人員で行う！

28 残業しないチームはチームプレイ、残業だらけチームは個人プレイ。

「石川さん、会社をクビにならない方法ってわかる？　それは自分にしかできない聖域を作ることだよ」

今から10年ほど前、取引先の総務部長に聞いた話です。

その部長はチームでの居場所を確保するために、株主総会手順、人事資料、振込手続きなどの重要な業務は、すべて自分にしかわからない聖域にしていました。

社長からの信頼は厚かったのですが、部下は「仕事のやり方を教えてくれない」、「業務の流れを教えてくれない」、「雑用しかやらせてくれない」と、いつも不満を漏らしていました。

部長は誰よりも早くに出社し、誰よりも遅くに退社していました。一方、仕事を与えられない部下は、定時になると一斉に帰っていく状態が続きました。自業自得ですが、他の人が代わることもできないため、部長は長期の休みも取れません。

それでも何十年間は、その体制が機能していました。しかし、ある事件が起こったことでその仕組みは崩壊したのです。

それは、その部長の横領事件でした。噂では何千万円、職員の退職準備金にまで手を出していたそうです。

逃げた部長から横領した金を回収するのはもちろん大変ですが、さらに大変なことがありました。それは長年1人で行っていた総務部長の仕事を誰も引き継げなかったことです。

残された部下たちは、部長の作った資料をもとに、今まで頼んだことのなかった行政書士や社会保険労務士に相談し、毎晩遅くまで残業してなんとか業務を行い、1年かけて総務部の体制を軌道に乗せました。

このように**1人しかわからない聖域があると、「仕事の偏りによる仕事量の不均衡」と「売上や経費の水増し、業者癒着などの横領が起こる可能性」が生まれます。**

この事件で懲りた会社は、総務部のみならず、すべての部署で以下のような改善を行いました。

①メイン担当、サブ担当を決めて2人体制で仕事をする

2人体制で仕事に取り組むことにより、チームとしての連帯感が生まれました。またどちらかが休みを取っても業務に支障をきたすことが少なくなり、労働時間も減りました。

②メイン担当には手当を支給する

基本的には先輩がメイン、後輩がサブとしてチームを組むため、今まであまり指導してこなかったメイン担当である先輩社員にも指導力がつきました。

③最長3年で担当業務を移動する（職場ではなく行っている業務の交代）

長い間同じポジションを1人に任せることは、横領や賄賂の温床になります。社員は3年以内に引き継ぎがあることがわかっているため、仕事内容が雑だと恥ずかしいという気持ちから、緊張感を持って仕事に取り組むようになりました。

④年に2回、リフレッシュ休暇（5日間）を強制する

土日を挟んで最低7日以上休まなければなりません。そのためペアの相手も仕事内容を

知る必要があります。この制度で社員は休みも取れるようになりました。

⑤発表会を開いて、誰が今何を行っているのか「見える化」する

業務内容を発表することで、今までお客様からの問い合わせに「担当者がいませんので……」と返答していたのが、チームのほぼ全員が質問に答えられるようになりました。また、誰がなぜ残業しているのか把握しているため、以前は「お先に失礼します」と帰っていた者が積極的に手伝うようになったのです。

聖域を作るために仕事を抱え込む人がいますが、本当に優秀で仕事を1人で抱え込む人もいます。どちらも急な退職や転職、独立などでその人がいなくなったとき、会社にとってかなりの損失です。そうならないためにも、ひとつの業務については最低2人が把握し、1人に仕事が偏らないように標準化しておくことが、危機管理のためにも偏った残業を減らすためにも重要なのです。

28 残業しないチームは、1人にしかできない仕事を作らない！

第5章

コミュニケーション編

29

残業しないチームはソウレンホウ、残業だらけチームはホウレンソウもできない。

最初に就職した会社での新入社員研修。入社した次の日から研修がスタートし、ビジネスマナー、敬語の使い方、チームワークの重要性など、3日間にわたり社会人の心得を学びました。もう30年も前の話ですが、2つの言葉だけは今でも強烈に覚えています。

ひとつは、取締役から新社会人に向けたメッセージで、「これからさまざまなことが起こるだろうが、そんなときは、この言葉を思い出して欲しい」という意味で贈られた「あおいくま」という言葉です。

「あおいくま」とは、「あ」＝あせるな（焦るな）、「お」＝おこるな（怒るな）、「い」＝いばるな（威張るな）、「く」＝くさるな（腐るな）、「ま」＝まけるな（負けるな）。

これらの言葉を忘れず、平常心を保って仕事をしなさいというメッセージです。社会人になりたての私にとって心に響く言葉でした。

もうひとつは「報・連・相」。今でこそ浸透していますが、当時の私にとって、かなり新鮮でした。同時に「報告・連絡・相談」の重要性を認識しました。

「報・連・相」は、30年以上も言われ続けている言葉ですが、「報告・連絡・相談」が重要なので言われ続けているという面と、「報告、連絡、相談」ができていない、機能していないために、何度も言われ続けているという面があると思います。

残業だらけチームは、「報・連・相」が機能していない傾向にあります。

その原因として、リーダーが「忙しすぎるオーラ」を出していて、部下が声をかけづらく感じるということがあげられます。

実際声をかけてみたら、「今、忙しい」、「そんなことをイチイチ言ってくるな」「結論から先に言え」と、トラウマ級の返答ばかり。これでは部下も話しかけられません。

話すタイミングを逃している間に、「なんでこんな重要なことを早く言ってこなかったんだ」と叱られる始末。こんな関係では「報・連・相」が機能しなくて当然です。

このような場合、**定期的に面談時間を設ける**ことで解決します。

例えば午前10時、昼食後、3時など、会社の状況に応じて決まった時間に行えば、部下も気兼ねなく話をすることができます。

また副産物として、相談の時間までに仕事を終わらせるなど意図的に期限を作ることができるので、仕事に集中力が増すという効果も生まれます。

定期的な時間以外の場合に「報・連・相」を行いたい場合には、リーダーにメールを送ります。

そのときに注意するのは、①報告なのか、連絡なのか、相談なのか　②箇条書きで内容を明記　③いつまでに面談したいか　④所要時間、以上を明記することです。

例えば「①相談です　②10月に行われる安全大会の参加者について　③9月8日（金）17時まで　④15分程度」とメールを送信します。

もちろん緊急性が高ければ、メールではなく直接話しかけても構いませんが、その場合でも上記の点をまとめてからリーダーに話をするようにルール決めをしてください。

29 残業しないチームは、リーダーに相談できる時間を確保している！

実は、残業しないチームは「報告→連絡→相談」ではなく、「相談→連絡→報告」にしています。

なぜなら、やり終えた仕事の報告が先だと、指示した仕事と方向性が違っている場合があるからです。何時間もかけて作った資料がムダになる、という手戻りが発生してしまいます。

「相談→連絡→報告」と順序に変えるだけで、ムダな仕事をしなくて済みます。仕事を始める前に相談するように徹底させましょう。

ただし、何も考えずに「どうしたらいいですか？」と聞いてくるメンバーもいると思います。そこで、「このような方向で仕事を進めたいのですが」、「お客様にプレゼンするのに時間はかかりますが、データを集めてグラフにしたいと思います」など、提案型の相談をするように指導します。そうすることで部下も成長し、次回からの仕事もスピードアップが図れるのです。

30 残業しないチームは報告をすぐに終わらせ、残業だらけチームはじっくり聴く。

残業だらけチームのリーダーであるBさんは、傾聴を重視していました。

部下の話に耳を傾けることは重要なことです。話をしっかり聞いてくれるリーダーに、部下も信頼を寄せてきます。部下は報連相（報告・連絡・相談）もしやすくなるでしょう。リーダーにとっての悩みのひとつである報連相の欠如を防ぐことができます。

しかし、いつも傾聴がいいわけではありません。悪いことが起きたときなどは、早急に対処しなければならないこともあります。また、愚痴や不満がほとんどの場合もあります。「愚痴や不満なんて聞きたくない」と一蹴してしまうのは問題ですが、愚痴や不満などの感情を聞きながらも、先に結論を知りたいのが、忙しいリーダーの本音です。

まずは結論を聞かないと、どのように判断すればいいのか検討がつきません。それに感情にずっと寄り添っていると、話も長くなりやすくなります。

私もコンサルティングなどでさまざまなチームを見てきましたが、残業が多いチームの中には「コミュニケーションが密で時間をしっかり取っている」と主張するリーダーがいます。

確かに、部下の意見を聞くのは悪いことではありませんが、仕事以外の話をダラダラ聞いているのは、単なる仲間内の雑談です。時間がどんどん経過してしまいます。

部下：「C社さんには参りましたよ。いつもイライラしていて感じが悪いし、先方に責任があるのに、文句ばかり言ってくるんですよ」

Bさん：「おお！ それは大変だな……」

部下：「本当ですよ。今回だって急に怒鳴りだすし」

Bさん：「とんだ災難だな～」

部下：「本当ですよ。E社みたいに大口顧客でも丁寧な会社もあるのに、大違いですよ」

Bさん：「（ところで、何が言いたいのだろう？ 俺も忙しいんだけど）」

結論はC社からの契約が取れなかった報告なのですが、話しづらい結論を先延ばししていただけなのです。

男性脳と女性脳という考え方があります。男性でも女性脳の人、女性でも男性脳の人がいるので性別による傾向の話ではないのですが、**「女性脳は感情が出やすいので先に感情を露わにし、結論をあとから話す」傾向があり、話が長くなりやすいと言われています。**

また経緯を順番に話す部下もいます。その場合も話が長くなります。

部下：「D社から電話がありました。どうやら先日会社の大掃除をしたそうです」

Bさん：「おう、それで……（何が言いたいんだ）」

部下：「大型のシュレッダーを買ったそうなんです」

Bさん：「おう、それで……（何が言いたいんだ）」

部下：「そのとき、かなり書類をシュレッダーにかけてしまったそうです」

Bさん：「おう、それで……（何が言いたいんだ）」

部下：「どうやら弊社からの請求書もその中に混じっていたようです」

Bさん：「請求書を再発行したいのか？（結論から言えよ）」

みんなからいい人だと思われているリーダーのチームが、いつも夜遅くまで残業しているというケースがあります。話をずっとしていて、いつの間にか時間が経過してしまい、リーダーもメンバーも仕事をする時間が削られてしまうのです。

リーダーは部下の話を聞くようにしても、ダラダラ傾聴してはいけません。まずは結論から話すようにさせます。

結論から先に言うことで、やりとりも短く終わりますし、リーダーのストレスも軽減されます。

何より、チーム内で結論から話す練習を繰り返すことで、外部の関係者ともスムーズに話せる効果が望めます。

30

残業しないチームは、報連相をするときに結論から述べる！

31

残業しないチームは指示が明確、残業だらけチームは指示が不明確。

いきなりですが、以下の「　」書きを、早口で読んでみてください。

「A君、昨日の株主総会の資料をまとめてレポートを書いてくれ、今日中に頼む。そうだ！30日締めの請求書の発行処理、50件ぐらいあったか？ あれも早急に。それから来週の打ち合わせの資料、参加者全員に送っておいて。会議のあとの親睦会の店、8名〜10名で予約して。飲み放題で料理はフリー、席だけ予約で。時間は19時ぐらいからかな」

あなたが部下だったら、こんな指示の出し方を毎回されたら耐えられないですよね。次から次へと指示されて、それを確実に遂行するのは至難の業です。まとめて指示すると、部下の混乱を招きます。

残業しないチームのリーダーは、指示を小出しにします。一度に伝える指示はひとつ、

多くても3つまでです。明確な指示は、お互いの誤解を未然に防ぎ、部下に安心感を与えます。部下は目の前にある仕事に集中することで、仕事を早く終わらせられます。

思いつくままに指示していくのではなく、毎朝もしくは昨日のうちから、以前に頼んだ仕事はどうなっているかなどを確認し、どの仕事から頼むか計画を立ててから、指示を出しましょう。

さらに気をつけるべきポイントを３つにまとめました。

① 優先順位をつけて話す

部下の仕事を見て、「そんなのあとでいいのに。それより、今指示した急ぎの業務をなぜ先にやらないのかな」などと、イライラした経験はありませんか?

しかし、部下はあなたが思っている以上に優先順位がつけられません。

優先順位の指示がないと、部下はリーダーに言われた順番に仕事をしようとするか、あるいは勝手な判断をします。もし、複数の指示を出すなら優先順位をつけるべきです。

一度にたくさん指示を出すと、優先順位が明確に伝わらず、急ぎの仕事が後回しにされるなどの事態が起きかねません。

②業務進行表で仕事内容を共有する

私は全体的な仕事を把握するために、業務進行表を活用することによって、メンバーが今どの仕事をしていて、どれだけ仕事を抱えているかをチーム内で共有しています。

進行表があれば、それを頼りに指示すればいいのではないかと思われるかもしれません。しかし、進行表を見ながら指示をし、さらに確認の質問をする2段階方式がいいのです。進行表を見ることで部下の状況を確認しながら話せるし、さらに質問・確認をすることで部下も落ち着いて仕事を進められるからです。そして何より、リーダーが配慮してくれているのだなと、部下からの信頼も得られます。

③こまめに質問し、目線を揃える

部下が理解できていない、仕事が多くて大変なのに困るといった表情を見せているときは、話を止めて、質問や疑問点はないか確認します。「今どのくらい仕事を抱えているの？余裕はある？」といった聞き方もいいでしょう。

以上を踏まえて、冒頭でお話しした指示を言い換えると、

「Ａ君、昨日頼んでいた仕事の状況は？ おお！ そこまで進んでいるなら、あと１時間で終わりそうだね。終わったら株主総会の資料をＡ４用紙にまとめて16時までに提出してください」となります。状況を確認したうえで、優先順位の高い仕事をひとつずつ指示していくのです。

複数頼む場合でも、上記の指示に、優先順位、内容、期限を盛り込んでいけば効果的な指示になります。

31 残業しないチームは、わかりやすく、覚えやすい指示を出す！

残業だらけチームのリーダーは「部下が指示通りに仕事をしない」、「優先順位が違う」、「締め切りを守らない」、だから定時に終わらないんだと部下の責任にします。しかし、仕事が遅くなる原因は指示の仕方に問題があることが多いのです。

32 残業しないチームは誤解のない言葉を使い、残業だらけチームは曖昧な言葉を使う。

中間管理職、プレイングマネージャーなど激務のビジネスパーソンは日々忙しく、ついこのような形容詞や副詞を使って曖昧な指示を出す場合があります。

・「早めで」
・「少なめで」
・「ざっくりで」

この曖昧な言葉は、相手が勘違いしやすくなるため、ビジネスにおいて非常に危険です。

以下のような問題が発生することがあります。

① 優先順位が曖昧になる

例えば、部下のAさんに、「上位30社の直近3カ月の売上報告書を『できるだけ早め』

に作って」とお願いしたとします。

するとAさんは、あなたから頼まれた仕事を他の仕事よりも優先して行うかもしれません。部下はリーダーから頼まれた仕事を、早くやらなくてはいけないと思いがちだからです。

優先順位の低い仕事から手をつけてしまったAさんは、本当に大事な仕事をするために残業することになるのです。

もしかしたら、Aさんは急ぎではないあなたからの仕事を、残業して行うかもしれません。その資料に対して「そんなに早くやらなくてもいいのに」と言ってしまったら、残業してまでがんばったAさんの信頼ややる気までも失ってしまいます。

② 受け止め方が曖昧になる

いつも締め切りに余裕を持って仕事を依頼してくるリーダーから『できるだけ早め』と言われたら、いつもより少し早めでいいのかなと勝手に解釈してしまうかもしれません。

いつも10日から2週間後に締め切りを設定していたら、「早めで」は部下からすると、「1週間後くらい」と解釈をしてしまう可能性があります。

③ 考え方が曖昧になる

曖昧な言葉になればなるほど、自分の都合のいいように解釈してしまいます。

例えば「ざっくりでお願い」という言葉。この指示だと、部下が作った書類が本当に大雑把なもので、リーダーの必要とした項目が入っていないかもしれません。逆に何時間もかけて残業して作った書類が、ここまで完璧にする必要がなかったという場合もあります。常識というのは、人によって違うものです。

何かをお願いするときは、まずは**具体的に明確な日付を指示することが重要です。**

私もクライアントから「来週の水曜日まで」という指示を受けることがありますが、これも曖昧な言葉です。以下のように聞く側にとって複数の解釈ができます。

・水曜日の始業時まで
・水曜日の午後の1時頃
・水曜日の終業の定時6時まで
・水曜日の23時59分59秒まで

水曜日の始業9時にリーダーが出社して、部下に「おい、あの頼んでおいた資料まだ？」と聞くと、部下は「えっ！ 今日の午後からやる予定です」と答え、「何やっていたんだ」と激怒しても、責任は曖昧な言葉を使ったリーダーにあります。

さらに、複数の解釈ができないように、誤解のない言葉を使う必要があります。

チーム内で言葉の行き違いが多いと感じたら、意図的に6W3H【When いつ・いつから】【Where どこで】【Who 誰が】【Whom 誰に】【Where 何を】【Why なぜ】【How どのように（手段）】【How much いくらで（金額）】【How long どのくらいの期間で】**を思い出し、伝え漏れがないように確認してから話してみてください。**

伝える前の3分の確認で、やり直しにかかる3時間の残業を防ぐことができるのです。

32

残業しないチームは、具体的な言葉で会話をする！

33 残業しないチームは嫌われる勇気があり、残業だらけチームは言う気がない。

Ｂさんは、建設会社の事務部のリーダーです。営業部が仕事を取り、工事部が建設しますが、その他一切の業務（総務、経理、人事、庶務）は事務部が行っていました。

給与計算、資金繰り、外注先への支払いなどの重要な仕事は、毎月16日から25日までに集中します。

16日から25日が忙しくなる理由は、銀行に提出する「資金繰り表の提出」と「給料の支払い」が25日に重なるからです。さらに、１００社を超える外注先への支払いの準備もしなければなりません。

「重要かつ緊急な仕事」が集中するため、事務部はこの期間毎日深夜まで残業し、なんとか締め切りに間に合わせていました。

コスト削減で事務員を増員できないのに、他の部署から依頼される仕事は増え続け、徐々にストレスもたまり、Ｂさんは身体を壊してしまいました。

そこで、療養中のBさんに代わり、Aさんが転勤してきました。

総務部の仕事内容を引き継ぎ、メンバーから聞き取り調査をしたAさんは、まず16日から25日までの激務の10日間の改善に取り組みました。

外注先への支払いは、月末締めの翌月25日払い。例えば5月31日に締めると6月25日に支払います。

支払いの流れは、外注先が現場に請求書を3日までに持参。現場の所長が金額をチェックして10日に事務部に提出。事務部は10日に請求書を集めて25日に支払うという流れです。

本来、この流れであれば支払手続きまでに余裕があります。しかし、実際事務部に請求書が届くのは15日以降だったのです。これが16日から25日が忙しくなる原因でした。

毎回遅れることに疑問を持ったAさんは、各現場の所長に聞いて回りました。返ってきた答えは、「請求書を持参するのが遅れる外注先がある。現場では、すべての請求書が揃わないと集計できないので、事務部に提出するのが遅くなる」という答えでした。

Aさんの改善策は簡単でした。当初の約束通り３日までに請求書を持ってこない外注先については支払いを翌々月に延ばすと通告したのです。

支払いを延ばされるのは外注先にとって痛手です。外注先は早めに請求額を計算したり、速達で郵送するなど各社で工夫をして、3日までには現場に請求書が集まるようになりました。

Bさんは、請求が遅くなる**外注先に対して強く言う勇気がなくて待っている状況だったのです。**


また、他の部署から依頼される仕事の中に、小口費用の支払いがあります。各部署の社員が消しゴム、ノートなどの筆記用具、切手、収入印紙などの貯蔵品を買うごとに事務部に金額の請求をしてきます。

Bさんがリーダーのときは、資金繰りや管理費の予算作成など重要な仕事をしているときに請求され、その度に集中力が切れていました。

そこで、Aさんは小口現金制度を導入しました。

例えば1カ月で営業が使う小口の費用が5万円ぐらいであれば、先に5万円を営業部に渡しておきます。営業部では担当を決め、小口の支払いを管理します。営業で使った費用を計算した表（小口現金出納帳）を月末に事務部に持参してもらい、それを見て事務部は手続きを行います。

Bさんのときは小口の費用の支払いの度に手間をかけて手続きしていたのが、Aさんの取り組みで、月初にお金を渡して月末に精算するだけで終わらせたのです。集中力が切れるほど頻繁に精算していたのに、たった2回の手続きで済むようになりました。

Bさんも、小口現金制度の仕組みは知っていましたが、**営業部の仕事を増やすと思い、言えなかったのです。**

Aさんがリーダーになってからは、**営業部や外注先に勇気を出して毅然と交渉する**ことにより、激務の10日間は解消されました。

また、集中力をそぐ行為も減り、残業しないで成果が上がるチームに変わっていったのです。

33 残業しないチームは、問題点を上司や外部に指摘することができる！

34 残業しないチームは「すぐやる」と言わず、残業だらけチームは「すぐやる」と言う。

Bさんがリーダーをしている総務部のチームは、いつも残業だらけでした。

お客様から見積依頼があれば「すぐやります」、役員から株主総会の資料の作成を頼まれたら「すぐやります」、人事部から転勤者の名刺作成の依頼を受けたら「すぐやります」。社外に限らず、社内の人に仕事を頼まれても「すぐやります」と返事をするのが総務部の口癖でした。

もちろん「すぐやります」という心がけは素晴らしいです。一見、仕事が速い人の特徴のようにも感じますが、実は**「すぐやります」は危険な言葉なのです。**

理由は次の3つです。

① そんなに急ぐ必要のない仕事まで早くやろうとしてしまう

依頼された仕事は、本当にすぐやる必要があるのでしょうか？

以前、私の勤務していた会社に、緊急ではない仕事、重要ではない仕事でも「なるべく早くね」と仕事を指示するマネージャーがいました。

自分の仕事を常に優先してもらうことで、彼自身の仕事はスムーズに進みます。しかし、自分の仕事が早くに終わったとしても、部下に対する配慮が欠けているので、チーム全体としては仕事が遅くなってしまうのです。

部下は「なるはや」と言われると、優先順位の低い仕事でも、「すぐやります」と言ってすぐに取りかかろうとします。結果、重要な仕事が終わらないのです。

リーダーは何でも「なるはや」と言ってはいけません。同様に、部下は何でも「すぐやる」とは言わず、優先順位を考慮しつつ、締切期限をいつまでにするかを設定していかなければなりません。

② 仕事をためすぎてしまう

「すぐやる」が口癖になると、チームのメンバーや他部署の人から仕事を頼まれることが増えてきます。そうすると、仕事がどんどん集まってきます。許容範囲の仕事ならいいのですが、抱えきれないほどの仕事をこなすために残業するようになります。

すると、やがてパンクしてしまい、仕事のクオリティが下がったり、残業だらけになったり、体調を崩したりしてしまう場合があるのです。

そうならないためには、自分がやるべき仕事、やらなければならない仕事、期日までにやれる仕事を見極めなければなりません。

ただし目上の人や先輩からの依頼だと、断りづらいのが現状です。チームのリーダーは部下の仕事内容を常に把握し、許容範囲を超えるような仕事については、リーダーが先方に事情を話すなどの対応をしなければなりません。

③ 中断時間が発生する

『仕事ができる人は、メールの返信が早い』と書かれたビジネス書が多数あります。実践している方もいるかもしれません。

しかしメールには、一度の返信で解決するメールと、何度も往復するメールがあります。メールを一度返信することで解決できるなら、すぐ返信してもいいかもしれません。

問題は、返信に返信がきて、また返信を繰り返さなくてはいけないメールです。

メール、ライン、フェイスブックに返信を繰り返している間に、あっと言う間に1、2

時間が経過してしまった。あなたもこのような経験はありませんか？

私はメールを確認する時間を決め、普段はメールチェックをしないので、「すぐ返信する」ことはできませんが、今まで一度もトラブルになったことはありません。

メールに限らず、重要な仕事に集中しているときに割り込み仕事が入ってきてしまうと、集中力が途切れます。そのあと、集中していた状態に戻すためには相当な時間がかかり、仕事が遅くなります。集中を切らさないためには、メールで仕事を中断しないほうが効率的であると考えています。

仕事の内容を見極めずに「すぐやる」と返事をするのはＮＧです。**チームの許容範囲を超えて引き受けたら、仕事の量が増え、抱えきれない仕事をこなすために残業しなくてはなりません。**クオリティも下がり、ミスも増え、最悪の場合は信頼を失うことにもなるのです。

34 残業しないチームは、依頼された仕事ができるかどうか判断してから受ける！

35 残業しないチームは新人を理解しようとし、残業だらけチームは新人を放置する。

講師仲間には、私のように平日はサラリーマンとして働き、週末になると講師業を行う方が大勢います。そんなメンバーと集まったときは、「入社してくる新入社員には、いつも驚かされる」という話題で毎年盛りあがります。

私の会社では、お土産でいただいた寿司をみんなで食べようと、新入社員に冷蔵庫まで醤油を取りに行かせました。すると、「ありませんでした」との答えが。仕方なく買いに行こうとしたら、「あの～刺身醤油というのはあったんですが、それだとダメですよね？」と言うのです。「いやむしろ寿司には、そのほうがいいから」と叫びたくなりました。

他の講師の会社では、仕事中にもかかわらずラインの通知音がうるさい新入社員に注意したところ「あっ！　急に友達が増えたんですよ～」と嬉しそうに返答してきたり、始業時間になってから朝食（おにぎり）を食べだす強者がいたり……。

30通の封書を出すように依頼したら3日後にすべて戻ってきた。見たら切手を貼っていない。頼んだ新人の通信手段は電話、メール、ライン、年賀状ハガキ。彼女は切手の存在を知らなかったのです。

そんな世代間のギャップが激しい両者が、同じチームで働いています。新入社員を非常識として放置するか、理解しようと努めるかで、今後のチームのあり方が大きく変わってきます。新人が良き仲間としてチームに溶け込めば戦力となり、仕事を早く覚えれば、早くに仕事を終えることもできるのです。

そのためにいい方法があります。それは**業界紙や日経新聞を毎朝午前中に15分だけ読んでもらい、5分以内で気になる記事を報告してもらう**ことです。

「そんなことで?」と思われるかもしれませんが、次のようなメリットがあります。

①プレゼン能力を養う

新入社員にとって、なかなかプレゼンをする機会はありません。毎日リーダーや先輩を前に、新聞で見つけた重要な箇所をわかりやすく説明することは、お客様への商品説明や企画提案などに役立ちます。

②新入社員の意見がわかる

自分だったら読まない箇所、興味のない話題などに興味を持っていることがわかり、違う世代の関心事を知ることができます。

③コミュニケーションが取れる

リーダーと部下がお互い気を使って無理やりに話題を作る必要がなく、新聞という媒介を通して自然とコミュニケーションを取ることができます。

※ただし「思想信条の自由」、「プライバシーの侵害」に気をつけてください。

いつものように週末講師仲間で集まったとき、職場コミュニケーションの専門家アンディ中村さんが、こんな話をしていました。

最近の新入社員は3人に1人は3年で辞める時代。ある会社でメールを開いてみると、

「このたび一身上の都合により退職させていただくことになりました」という挨拶文が新入社員から送られていたそうです。「百歩譲っても電話で退職の報告をするべきだろう！」と担当者は怒り、新人に電話をしました。

　すると、

「えっ！　ダメでした？　昨年20社以上の会社に面接して不採用になりましたが、不採用の連絡はすべてメールできたんですが」

　その返答を聞いた人事担当者は、「新入社員に常識がない、常識がないと言っているが、その常識を作ったのは自分たち大人なのではないか」と衝撃を受けたそうです。

　ゆとり世代、さとり世代、新人、異性、諸外国の人、それぞれ持っている常識は違います。常識が違うから「コミュニケーションが取れない」、「仕事が伝わらない」、「使えない」と嘆く前に、相手の常識を認め、受け入れる必要があります。お互いの考えを認めることで、コミュニケーションが図れ、仕事も円滑に進むようになるのです。

35 残業しないチームは、リーダーの常識がスタンダードだと思わない！

36 残業しないチームはリーダーが弱く、残業だらけチームはリーダーが強い。

『過去のリーダーの仕事は「命じること」だが、未来のリーダーの仕事は「聞くこと」が重要になる』

「経営学の父」、「マネジメントの権威」と呼ばれるピーター・ドラッカーの言葉です。

あなたが、もし部下に対して「なぜ自分についてこられないんだ」「なぜ昔の俺のような根性を見せられないんだ」「なぜこんなに覇気がないんだ」と思っていたら危険です。

なぜなら今求められているのは、「俺についてこい」という強いリーダーではなく、「チームを助けて欲しい」と頼むことができる弱いリーダーだからです。

残業だらけチームは強いリーダー。

その本当の意味は、「一見強そうに見えるだけ」のリーダーです。

自分のミスを認めず、見栄を張って一方的に指示し続けるのは時代遅れです。まずはリーダーが変わること。それがチーム全体を動かす重要な要素です。

残業しないチームは弱いリーダー。

その本当の意味は、自分の失敗を認め、腹を見せて「助けて欲しい」と部下にお願いすることができるリーダーです。

この**「弱さを見せる」ことができる者こそが、「真の強さ」を持つリーダーなのです。**

ある会社のチームリーダーAさんは、チームの仕事でトラブルが発生したときに、「不備があったのは連絡を密に取っていなかった自分の責任だ。なんとか修正が間に合うように助けて欲しい」と弱さをさらけ出したことがありました。それだけでなく、「いいアイデアがあれば、どんどん教えてくれ」と部下に相談したのです。

その結果、メンバー1人1人がそのトラブルを「自分事」と捉えて解決へ向けて真剣に取り組んでくれたおかげで、無事に窮地を脱することができたのです。

「真の強さ」を持つチームを形成するためには、まずリーダー自身が自己開示をすることが必要です。

そのあと、部下とコミュニケーションを取って、それぞれの長所や短所も含めた個性を把握します。そのためには、部下の声に耳を傾けることが重要です。

メンバーの個性を把握できれば、適材適所に人材が配置できます。すると、弱いところを補い合える最強のチームになります。

部下の話を聞くことによって「配置」できることこそが、現代のリーダーに求められているスキルなのです。

地元の同業他社から転職者を受け入れたときの話です。

狭い業界なので転職者の評判を聞くことができます。「現場を仕切れる器ではない」、「強面のそろう下請を厳しく指導する能力がない」と、以前の職場での彼の評価は低いものでした。しかし入社後、密なコミュニケーションを取ると、ネット関係に熟知したＩＴの達人だということがわかったのです。

そこで新たに情報システム課を立ち上げ、前職の現場業務から、その課に配属しました。

その結果、各現場が残業して行う書類は彼が作成し、さらに積算業務、入札手続きなども彼の達人的スピードで処理することができるようになったのです。なんと、彼が入社する以前より3倍は早くＩＴ関連の業務が片づきました。

あれから10年、今では情報システム課の課長として大活躍しています。以前の職場での現場を仕切れないダメな社員というレッテルにとらわれず、転職者の話に耳を傾け、コミュニケーションを取ることで、秀でた部分を見つけることもできるのです。弱い部分を補いつつ個性を活かすチームが、生産性を上げるチームになります。

残業しないチームは、リーダー自身が弱い部分を開示し、さらにお互いの弱いところを補完し合って仕事をするので、仕事が早く終わります。

背中ではなく「助けて欲しい」と腹を見せる。**「弱さを見せる強さ」も必要なのです。**

36

残業しないチームは、リーダーがメンバーに助けてもらう!

第6章

部下育成 編

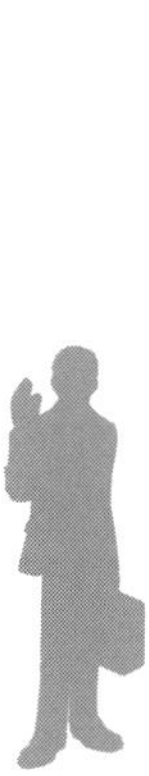

37 残業しないチームは部下に考えさせ、残業だらけチームはリーダーが考える。

リーダーは部下より、知識も経験も豊富です。そのため、部下の仕事が未熟に見えるときがあります。

部下に任せるのは大切だと思っていても、部下が間違えずにできるかどうか不安。部下に任せると時間がかかってしまう。そのため自分でやってしまうのです。

例えば、部下の担当している顧客との交渉に同行し、面談中は自分ばかり話していて、部下は頷くだけ。これでは部下の成長もストップさせてしまいます。

このようなことが続けば、部下はリーダーに依存するようになります。

自分で考えなくても「リーダーが考えてくれる」と思うようになり、「どうせ意見を出したって否定されるのなら、何も意見なんて出さないほうが楽」と、思考までストップさせてしまいます。

このようなリーダーは、提案書や企画書などのデスクワークでも、部下の仕事に口を挟みます。過剰に手伝い、ときには仕事を横取りします。

結果、仕事が増えたリーダーは遅くまで残業します。仕事を奪われた部下はというと、やることはありませんが帰れません。**リーダーが自分の顧客の仕事をしているのに、自分だけ先に帰れないと思ってしまうのです。**

忙しいリーダーは残業。暇な部下も残業。任されない部下は仕事をしないので、成長しない。いつまでもリーダーが部下の仕事も抱え込む。悪循環のスパイラルにおちいります。

一方、部下に仕事を任せるチームは、部下が成長するにつれ残業が減っていきます。理由は明白です。**任された部下たちが機能しだし、仕事を終わらせていく**からです。加えて、部下の成長も加速していきます。

この原稿を書いていてカフカの『変身』を思い出しました。

「ある朝、グレゴール・ザムザが不安な夢からふと目覚めてみると、ベッドの中で自分の姿が1匹の、とてつもなく大きな毒虫に変わってしまっているのに気がついた」

衝撃的な書きだしから始まる小説です。

4人家族で父は事業に失敗して無職、母と妹も働いていない。ザムザ家はグレゴールの収入だけで生活していました。家は貸すほど大きく、女中を雇うほど裕福です。しかしグレゴールが虫に変わったため、収入源を失った一家は、両親と妹が働く羽目になります。

やがて家族は今までの恩も忘れグレゴールを世話するのが面倒になりました。食料も与えず、ついに主人公は息絶えます。死体を片づけた3人は、新しい出発を祝うかのようにピクニックに出かけるのです。

私が中学3年生のときにこの作品を読書感想文で出題されましたが、これをどう理解し、どのように感想を書けばいいのかわからず苦労しました。

あれから30年以上経ち、改めて読み返してみると、「グレゴールの働きに依存していた家族が、自立することで働く喜びを取り戻し、充実した生活を楽しみ、それぞれが輝きだしたことを表現している」と新たな見解に行きつきました。

文中では、今まで役に立たず兄に依存していた妹が、店員の仕事を見つけます。出世するために速記とフランス語の勉強も始めます。

ベッドに伏せていた父は、金ボタンのついた制服を着込んで往年の威厳を取り戻します。主人公の死後、ピクニックに出かけた３人は、自分たちの仕事がますます有望だと将来の夢を語り合います。

つまり主人公が家族を楽にするため１人で一生懸命に働いていたことが、逆に家族の自立を阻害し、生きる力を失わせていた害虫のようだと、カフカは表現したかったのではないでしょうか？（私の個人的な見解です）

部下に仕事を任せないチームも、この家族といっしょです。リーダー（主人公）はチーム（家族）の分まで一生懸命に働きます。リーダー（主人公）に依存している部下（家族）は、成長することも、成長する喜びを味わうこともできません。

部下１人１人が仕事を覚え成長していくことが、チームにとっても、個人にとっても必要なことなのです。

37 残業しないチームは、部下に仕事を任せる！

38

残業しないチームは自主性に任せ、残業だらけチームは丁寧に教える。

リーダーの中には、自分がすべてにおいて部下より優れていなければならないと考えている人がいます。

このような傾向にある人は、部下指導において「ティーチング」をしたがります。「ティーチング」とは、まだまだ仕事がわからない状態の人に指導することを言います。

私が以前コンサルティングをしていた会社の営業マネージャーBさんは、典型的なティーチング手法を使う人でした。毎日、訪問活動の報告を1件1件受け、指示を与え、これは伝えたか、これは行ったかなど、こと細かく確認をしていました。

良く言えば面倒見のいいマネージャー、悪く言えば干渉しすぎのマネージャー。どちらにしても部下の自主性は育ちません。彼のチームは、5分で済む指導が1時間もかかり、10分で済む指導が2時間もかかっていたため、残業続きでした。

私がある日の昼前に訪問したとき、Bさんは座ったまま部下を立たせて指導していました。私が他部署のリーダーと昼食を食べ、1時間後に事務所に戻ると、驚いたことにまだ昼食前と同じ態勢のまま指導を続けていたのです。

リーダーに昇格して部下を持つと、「懇切丁寧に教えなくてはいけない」と考えてしまう人は意外に少なくありません。実はここに3つの落とし穴があるのです。

①ティーチング手法では、その管理者の力量以上に育たない

リーダーと部下の力を比べたとき、総合的に見ればリーダーのほうが上でしょう。しかし部下のほうが強い部分、秀でている部分もあります。これを奪い取ってしまっているのです。

例えば、プロ野球の世界において、打撃コーチは必ずしも現役時代にいい成績を残していたとは限りません。選手の中には、コーチよりもはるかにいい成績を上げているスーパースターもいます。その選手に、コーチは全部手取り足取り指導するでしょうか。

コーチは、選手の打撃フォームの崩れをチェックし、選手が本来持っている力を引き出

すことが役目なのです。

②「粗探し」になり、信用が失われる

100%教えようとして伝わったかどうかをチェックしていると、焦点がずれてきてしまいます。「できてるか」「覚えているか」「実践しているか」のチェックをするのですが、これが「できていない」「覚えていない」「やっていない」の粗探しになりがちなのです。

リーダーが「粗探し」状態になると、部下は信用してくれていないと感じます。すると、部下は上司を信用しなくなります。

③部下が自分で考えなくなってしまう

部下は、リーダーが教えてくれるからいいと、自分で考えることを諦めてしまいます。

最初からリーダーに聞いてばかりでは、自分で考える力を失います。

部下がリーダーの指示を待ち、部下が考えるべきことまでリーダーがすべて答えを出していては、作業するにも時間がかかってしまいます。

雇用の流動化が進んでいる現代では、長期間リーダーと部下が同じ関係でいるとは限り

ません。転勤や転職、部下が昇進してリーダーになることもあるでしょう。その日のために、部下に「考える力」を身につけさせなければなりません。

また、教えようとばかりしていると、自分の仕事をする時間がなくなってしまいます。結果、残業が増えていきます。そうならないためにも、部下に自発的に仕事をさせる必要があります。そこでコーチングの手法を使うのです。例えば、「なるほど。話を聞いてみてよくわかった。20代の視点で考えるとそういうことなんだね。気づかなかったよ。その視点でさらにこの仕事に改良する点はないかな？」というように。

コーチングとは、相手の話をよく聞き、感じたことを伝えて、さらに質問することで、部下の自発的な行動を促す手法です。

部下に自発的に仕事をさせ、困ったらコーチングで解決の相談に乗りましょう。

自発的な仕事は、やらされ仕事よりもスピードが速くなります。自ら工夫もします。その工夫に対して助言するのがリーダーの役目です。

38 / 残業しないチームは、部下のやる気を引き出し、自発的に行動させる！

39 残業しないチームは部下がリーダー目線、残業だらけチームは部下が部下目線のまま。

「今日中に決裁が必要なのに、上司が直帰。どうしよう」
「急いで商談に向かわなければならないときに限って、なぜ部下は『確認して欲しい』と緊急の書類を持ってくるんだ」

あなたも、このような事態に慌てている人、愚痴を言っている人を見たことがあると思います。なぜこのような事態になるのか？

その原因はたったひとつ。「相手の立場で物事を考えていないから」です。

一方で仕事ができる人は、上司・部下・同僚など、たくさんの目線を持っています。

リーダーは、個々の力を引き出して、チームとして仕事の結果を出していかなければなりません。そのために必要なのが「視座を高める力」です。

同じ「事実」でも、立場や考え方によって捉え方が変わります。例えば「A部長はクライアントB社と接待で飲みやゴルフに行く」という「事実」。今のあなたなら、この「事実」をどう捉えますか？

私が新入社員だった頃は「自分は業務に追われて残業だらけなのに、その間A部長は会社の金で飲んでゴルフなんてうらやましい」と内心思っていました。

しかし自分がリーダーになり、同じ「事実」が起こったとき、「残業せずに接待！ 楽しいな！」とはちっとも思えませんでした。「接待続きで夜も遅いし、日曜はゴルフ。接待相手の話を聞き続け、機嫌を取って酒を作り、酔うこともできない。ゴルフといっても適当に負けなきゃならないし、家族との時間をもっと作りたい。残業していたほうが10倍楽だ」という考えに変わっていたのです。

昇進前：リーダーは部長の顔色ばかりうかがって仕事をしている。部下のことを考えてくれていない。

昇進後：上司の顔色を見ないと仕事が円滑に進まないこともあるんだな。

昇進前：部下である自分の気持ちをわかってくれない。
昇進後：マネージャーとして、たくさんの部下に指示を出すだけじゃなく、プレイヤーとして自分のお客様に対応するのに忙しかったんだな。
昇進前：リーダーは指示をするだけ。デスクに座っていていいな。
昇進後：日々決断の連続。部下の失敗に対して責任を取る立場。営業で外回りしていたほうが楽だったな。

このように、「立ち位置」が変われば「捉え方」も変わってくるのです。
昇進前の部下のときから、「リーダーはこんなに大きな決断や責任を求められているんだ」、「だから僕らに細かく詰めているんだな」など、リーダーの目線、つまり高い視座を持っていれば、もっとスムーズに仕事ができたかもしれません。

とは言え、自分以外の立場で物事を考えることは難しい。ではどうすればいいか？
私の考える解決方法は、**ひとつ上の地位（係長なら課長、課長なら部長など）になったつもりで仕事をする（してもらう）**ことです。「A部長なら、こんなときどう解決するかな？」

「A部長なら、部下の自分にどう伝えるかな？」と、常に想像しながら仕事をしてみてください。一段上の視点から「事実」を捉えれば、今とは違った見え方ができるはずです。

こうして上司や部下の対応を予測＝自問自答し続けることで、問題点や不足を発見しやすくなり、自分に何が足りないかが自ずと見えてきます。

残業だらけチームは、自分の立場だけを考えて仕事をします。同僚同士でリーダーの悪口、不満を言うだけなので、仕事に対する意識も低くなりがちです。

残業しないチームは、常に「リーダーならどう対応するだろうか」とワンアップの対応を自問自答しながら考えます。

リーダーも「この資料を見せたら私が何と言うだろう、と考えてみたか？」と問い続ける。

一段上の目線を持たせ続けることが、チーム全体の視座を高めることにつながるのです。

39 残業しないチームは、部下がリーダーの視点を持つことができる！

40

残業しないチームは褒め、残業だらけチームはおだてる。

仕事を円滑に進めるためには、良好な人間関係が必要です。

新入社員がすぐに辞めてしまう、部下が育たない、チーム内での連携が取れないといった悩みも、もとをたどれば人間関係のいざこざに原因がある場合が多いのです。それを解決する方法のひとつとして、「上手に褒める」ということがあげられます。

褒められて嫌な思いをする人はほとんどいません。ただし褒め方を間違えておだててしまうと、「本心でそう思っているの？」と不信感を持たれ、かえって逆効果になる恐れもあります。

「褒める」と「おだてる」。似ているようでまったく違うものです。

褒めるは、「事実や結果に対し、尊敬・敬意・賞賛を表すこと」、おだてるは、「相手の能力を正しく見ることなく、上っ面の言葉で相手を気分良くさせようとすること」だと私は考えています。

新入社員だった頃、初めての経理業務でなんとか仕上げた資料に対して、リーダーは毎回「さっすが〜」「すごいじゃん〜」「できるヤツは違うね〜」と言ってくれました。それで自分でも、「俺ってスゴいかも？」と調子に乗って仕事をしていたのです。

しかし1カ月もすると、リーダーは自分の仕事の中身を正しく見てくれていたわけではなく、上辺だけの言葉で「おだてていた」ことに気づきました。なぜなら私がしていた仕事は誰にでもできる仕事で、誰もが私よりも早くできる仕事だったからです。

注意してリーダーを見ていると、「さっすが〜」が口癖で、メンバー全員にも同じように言っていました。私はリーダーに不信感を持ち、モチベーションも一気に下がりました。

士気が下がると、だらだらと働くことになります。残業する日も増えました。

あれから30年。建設会社の総務部長となった今、「上手に褒める」ことを常に意識して部下と接しています。その中で気づいた、「おだてる」のではなく「褒める」ためのテクニックを4つお伝えします。

①まずは感謝やお礼の気持ちを伝える
②抽象的な人格や人柄ではなく、具体的な方法やプロセスを褒める
③他のメンバーの前で褒める（ただし不平等を感じさせないように注意する）
④何でも褒めるのではなく、優れた面を褒める

例えば、「さっすが〜」ではなく「お、ありがとう！　さすがだね。よく2時間で仕上げたな。これだけ短期間で終わらせるには、どこか工夫をしたよね。他のメンバーにも共有したいので教えてくれる？」というように、感謝や賞賛をしっかり言葉にして伝えます。そのためには、常日頃からメンバー全員の仕事に関心を持つことが重要です。今回の仕事のどこが素晴らしかったのか、どう成長しているのか、どこでつまずいてどう乗り越えたのか、**メンバーや部下のがんばったところや長所を引き出すのが第一歩です。**

褒める場所も大事です。職場や会議などみんなの前で褒める、商談中に「吉田は社内デザインコンペで優勝をしており、A社のプロジェクト成功にも貢献し高く評価いただいております。ぜひ今回の担当に」と外部の人の前で褒める。

密室でコソコソ褒められるより、チームやクライアントの前で褒められたほうが嬉しく、部下も責任感とやる気を出してくれます。

ただし褒めてばかりでなく、間違えや非効率的な仕事の進め方については、指摘しなければなりません。

修正して欲しい点がある場合は、「もしひとつつけ加えるとしたら」、「今のままでも素晴らしいが、もし一歩レベルアップさせるなら」、「ここだけ修正してくれたらバッチリ」など、相手を否定しない表現で指摘します。

そうは言っても、私もつい「そうじゃなくて」「でもさ〜」「というよりは」などネガティブな言葉を使ってしまうので、日々反省しながら言葉の使い方を勉強しています。

褒めるのが苦手という人は、まず「ありがとう」と言ってみてください。感謝の言葉を言ったあとは、批判的な言葉は出づらくなり、肯定的な言葉が言いやすくなります。

40

残業しないチームは、モチベーションを高めるようなコミュニケーションを取る！

41

残業しないチームはリーダーの言葉でやる気になり、残業だらけチームはやる気をなくす。

スポーツでも合唱でもダンスでも、強いチームに共通しているのは「高いモチベーションを維持し続けている」ことです。

オリンピック選手のトレーニングを見ても、「まだまだイケる！」「ラスト1本！」「あと、もう少しだよ！」と、チームが一丸となって応援し、鼓舞している様子をよく目にします。

さまざまな個性が集まったチームをひとつにまとめてやる気を出させるには、やはり言葉がカギを握っています。

例えば、新入社員の営業マンが初めて目標数字を達成したとき、新入社員は「がんばったな」、「よくやった」、「おめでとう」と言ってもらえると期待してリーダーに報告します。

しかしリーダーから、「そのレベルの目標達成か～。昔はもっとノルマがきつかったけどな。俺がそのくらいの年齢のときは、もっと大きな数字を達成していたけどな」なんて言われたらどうでしょうか？

ここまで大げさではないにしても、相手を認めず、過去の栄光や自慢話をするリーダーは本当に多くいます。

「昔は」「俺が○○したときは」「若い頃は」を連呼していたら要注意です。過去の栄光は今の成果ではありません。部下から「時代が違うし」、「その話、何度目だよ」、「ウザいな～」と思われています。

上司やリーダーは、部下やメンバーのやる気を上げ、士気を下げないことも重要な仕事です。「自分のアドバイス通りだろ？」「自分のフォローがあったからこそ達成できた数字だろ？」などの自分アピールは、もっての外です。

部下やメンバーが仕事や目標を達成したら、過去の自分や他人と比べるのではなく、「ついに目標の１０００万円を達成したのか！　よくがんばった！　おめでとう」と本人の成果にフォーカスして褒めましょう。

さらに数字を入れたり、「初めての快挙だな」と具体的な言葉を盛り込むことで、部下は「ちゃんと自分を見てくれている」と嬉しくなり、やる気につながります。

上辺だけ「やる気を出させる言葉」を言っても、部下の心には響きません。

「崖っぷち、ありがとう！」など松岡修造さんの言葉が多くの共感を得ているのは、彼自身の苦悩や人生観、キャラクターがあってこそです。

明日あなたが急に、「暑くなければ夏じゃない。熱くなければ人生じゃない！」と部下に語ったところで、「真似をしているだけか」と冷められて終わります。

声をかけるタイミングも重要です。

例えばマラソン。力を出しきってもうこれ以上は走れないと思っていても、たくさんの人が応援してくれています。「あと少し！」「がんばって！」との声が聞こえる中、ゴールの白いテープが見えてくると、そこまでなんとかたどり着こうと最後の力をふりしぼることができるのです。

仕事も同じです。「もうダメだ」「これ以上は無理」と諦めそうになったときこそ、「最後の山場だ！ がんばろう」「あとひと踏ん張り！」「お前ならできる！」と励ましや労いの言葉をかけられたら、モチベーションも上がります。

やる気を出させる言葉や名言は数あれど、信頼関係のない人に何を言われても心に響きません。部下やメンバーの仕事ぶりを常に気にかけ、1人1人の個性を尊重し、TPOに合った言葉をかけ続けることが、チーム全体のモチベーションアップにつながるのです。**モチベーションの違いで、仕事のスピードも変わってきます。**

私も以前は、リーダーのたった一言でやる気を失い、仕事を投げ出したことがあります。そのときから、取引先からの帰りは、いつも喫茶店でアイスコーヒーを飲みながらマンガを読みふけりストレスを発散させていました。

ストレス発散はできましたが、日中仕事は進まず、残業して終わらすことになるのです。

仕事が辛くても、難易度が高くても、「このリーダーのため」、「このチームが好きだから」ということでがんばれることがあります。チームをそんな雰囲気に持っていくのもリーダーの役目なのです。

41 残業しないチームは、いつもリーダーが部下を応援している！

42 残業しないチームは適当で、残業だらけチームは完璧主義。

以前の職場での話です。

残業だらけチームのリーダーBさんは、完璧を求める人でした。見積書の作成、電話機設置の場所、消しゴムの購入予算に至るまで完璧を求めていました。

例えば、部下が企画書を持ってくるとダメ出しの嵐です。何度、提出しても重箱の隅をつつくような指摘で、いつまで経っても完成しません。

Bさんは、部下にダメ出しをするのが仕事、甘くしてはならないという考えを持っているようでした。

リーダーは部下より知識や経験が豊富で、仕事の精度も高いはずです。だから自分と同じ水準を求めず、自分よりも未熟だということを踏まえて指導しなければなりません。

もちろん「じっくり新人を育てるため」、「今回は独り立ちしてもらうために教育の一環として」、「この仕事は最重要事項で完璧に仕上げなければならないので」などの明確な理由がある場合は別です。

しかし大部分の仕事はスピードが求められます。完璧な企画書を作っている間にライバル会社に仕事を奪われるのであれば本末転倒、それこそ完璧な失敗と言えるでしょう。チームで仕事をしているなら、先にたたき台を出す。全体像のわかるような資料を簡易的に作って意見を出し合う。そのほうが効率的で、早く、いいものができあがります。

一番のマイナスは、指摘を恐れて完璧になるまで部下が持ってこない環境にしてしまうことです。当然、質問もしてきませんから、やり直しもたくさん出てくる質の低い企画書になってしまいます。

リーダーBさんのもとでは、ダメ出しされるのが嫌で、期限ぎりぎりまで企画書を見せにこなくなりました。期限ぎりぎりに初めて見せにくるので、指摘や修正事項だらけです。結局、深夜まで残業をしたり、ときには会社に泊まって終わらせる部下も出てきました。まさに悪循環です。

Bさんのチームのメンバーは常に疲れがたまっている状態で、通常の仕事までスピードが遅くなり、残業が慢性化していくという泥沼状態におちいっていたのです。

さらに残業してまで作った企画書にダメ出しされ、部下のモチベーションも下がっていきました。やがて、大きな案件のみならず小さな案件まで決まらなくなったBさんのチームは機能しなくなり、Bさんは会社を退職することになったのです。

そのあと配属になったリーダーAさんは、スピード重視でした。

部下に仕事を指示しても、全体のラフ案を作成した段階で、企画の提出を求めます。その企画が指示したものと全然異なることもありますが、部下の理解力をチェックし、メモや復唱することを指導したり、自分の伝達にミスはなかったかの確認をすることで、意思疎通を図っていきました。

Aさんがリーダーになってからは、早い段階で企画書を持ってこさせて、アドバイスや軌道修正をすることにより、仕事が早いチームに生まれ変わったのです。

企画書の作成以外でも、Aさんのやり方はBさんとは異なっていました。完璧を求める

Bさんのチームは規則も必要以上に厳しいものでした。そのため、売上につながらないような不要な作業もどんどん増えていきます。

しかしAさんは、**必要以上にがんじがらめにしないので、意見も活発に出てきます。**

完璧を求めるチームのリーダーは規則を守らせることを重視します。もちろん必要な規則はありますが、形骸化しているものもあります。

スピードを重視するリーダーは、規則を破って適当にやればいいというのではなく、規則を変えられないかを常に考えているのです。柔軟な思考（適当）で、今まで慣例だけで作っていた書類なども廃止していくのです。

「社長は少しバカがいい」というタイトルの書籍がヒットしましたが、「リーダーは少し適当がいい」のです。

42 残業しないチームは、意見が出やすく働きやすい環境を作る！

43 残業しないチームは団体戦を好み、残業だらけチームは個人戦を好む。

顧問先の経営者から、「同じチームなのに、リーダーはいつも遅くまで残業し、部下は早くに帰ってしまう。極端に分かれていて困っている」という相談を受けたことがあります。

残業しているリーダーは、「部下に仕事を任せてミスされるのが心配」、「自分でやったほうが早い」などの理由から、部下に仕事を任せず、自分で仕事を抱え込む。その結果、リーダーは残業を続け、任せられない部下は仕事がないので早くに帰るという図式になっているようです。

部下を一人前に育てることもリーダーの重要な仕事のひとつです。

自分が新入社員だったときのように、部下も失敗と成功を繰り返しながら成長していきます。部下に任せること、教えることは、最初は手間がかかるでしょう。しかし部下がその仕事をできるようになることでチームも活性化し、リーダー自身も一歩上の業務に集中できるのです。

一方、**仕事を任せられない部下は、たまに与えられた1時間で終わるような仕事を、2時間も3時間もかけて行うようになります。**

私も以前の職場で体験しましたが、何もやることがないと時間は途方もなく長く感じ、苦痛でしかないのです。久しぶりに任せられた仕事をゆっくりやることで時間を潰していました。

仕事に夢や希望を持っている者こそ、やる気の行き先を失い、大きな失望に変わります。私はモチベーションが下がり、スーツの内ポケットに辞表をしのばせ、辞める機会を伺っている時期もありました。

リーダーが残業する理由は、もうひとつあります。

有能な部下がついた場合、仕事を教えると「自分の居場所がなくなるかもしれない」、「追い抜かれるかもしれない」という恐怖心から、仕事を任せられないのです。結果上記と同じように、何から何まで自分でやろうとするリーダーは残業し、やることのない部下は定時に帰ることになるのです。

この状況は、リーダーよりも先輩社員に多く見られます。歳が近いのでライバル視したり、先輩より後輩のほうが年上で教えづらいという場面もあります。

どちらにせよ、同じチーム内でいつも残業しているリーダー（先輩）と、残業していない部下（後輩）に二極化することになるのです。

この問題を解決する方法は、人事評価のときに**「部下を成長させたこと」を評価項目に加え、さらに他の項目よりも評価のポイントを高くする**ことです。

私が勤めている建設会社の人事評価の項目には、売上、利益額、安全度、仕上り具合などがありますが、４年前から「部下育成度」を新たに設けました。しかも他の項目の２・５倍のポイントです。

そうすることで、後輩を育てることも仕事であるという認識を持たせたのです。

今までは、部下や後輩が成長しても自分の評価になりませんでした。むしろ相対評価の査定なので、部下の能力が上がると自分の評価が下がってしまいます。こんな状況では、人を育てる意欲が低くなります。

さらに、現場の所長が「部下がどのように成長したかをプレゼンする制度」も作りました。部下が働かないから現場に利益が出ないという言い訳ができないばかりか、部下が成長しないのはリーダーのせいという認識を持ってもらうのに役立っています。

今は少数精鋭の時代です。正確に言うと少数を精鋭に成長させなければならない時代なのです。

「部下を成長させるのもリーダーの役目」、そのことが認識されたとき、チームは一致団結し、いつも残業している者と、定時に帰る者という偏りもなくなるのです。

43 残業しないチームは、部下の成長をリーダーの評価としてきちんと認める！

第7章

意識改革 編

44 残業しないチームはリーダーが北風、残業だらけチームはリーダーが太陽。

イソップ寓話の『北風と太陽』。北風と太陽のどちらが旅人のマントを脱がせられるか勝負をします。

北風は力いっぱい吹き続け、旅人のマントを吹き飛ばそうとします。しかし寒さを嫌がった旅人がマントをしっかり押さえてしまい、北風は旅人のマントを脱がせることができません。一方、太陽は旅人を暖かく照らし続けます。旅人は暑さに耐えきれず、自らマントを脱いでしまいます。勝負は太陽の勝ちです。

有名な寓話ですが、北風のように強引に厳しい態度で人を動かそうとすると、相手はかえって頑《かたく》なになる。太陽のように相手の気持ちを考えて暖かい言葉をかけ続ければ、自ら行動してくれるという教訓です。

確かに、日常業務については、強制的に仕事を指示するのではなく、部下の自主性を尊重することが重要です。しかし残業削減という観点から言うと、リーダーは北風型のほうがいいのです。

太陽型のリーダーは、仕事を指示するときに「あの仕事が終わってからでいいよ」、「できるだけ早くね」というように、仕事自体に時間的制約を設けません。部下も与えられた仕事を完璧にこなすために、何時間かかってでも仕上げようとします。結果、期待に応えるべく残業することになるのです。

一方、北風型のリーダーは、「以前指示した仕事は何時に終わるかな？ 少なくともあと30分で終わらせて提出して。この企画書は4時までに提出。4時15分からの会議で役員に配るから」というように、期限を決めて指示を出します。しかも残業して作ることは許しません。**限られた時間の中で最高のパフォーマンスを出すことを指示する**のです。

太陽型のリーダーから北風型のリーダーに変わると、部下も大変です。通常3時間かかると思い込んでいた仕事を、1時間で終わらせなければならないからです。

しかし、厳しい期限があるから仕事も速くなるのです。資料を読むスピードも違ってきます。タバコを吸う暇もありません。キーボードを打つ手が速くなります。ミスをしないように集中します。それでなければ、期限までに到底仕事が終わらないからです。

北風のようにそこまで追い込むことで、部下は残業せずに成果の出る仕事を期限内に終わらせることができるのです。

あなたは期限後に部下から提出された完璧な書類を見てどう思いますか？

どれだけ完璧でも、期限が過ぎていれば意味がありません。**残業までして出された完璧なレポートは褒めないと決める。**「もっと短時間で結果を出せ！」と言い続ければ、部下も育ってきます。

太陽型の会社は、残業している部下を労います。私もオーナー社長の会社に勤めているときは、残業していると喜ばれました。

月曜日に「昨日会社に出てきて資料を作りました」と言うと、満面の笑みで「休みを返上してまでがんばっているなぁ～」と褒められたものです。実はクーラーのある会社でダラダラとアイスコーヒーを飲みながら仕事をしていただけですが。

皆勤賞で表彰を受け、有休を取得しないことが美徳。そんな状況で仕事をしていました。

北風型である今の会社は、残業までしてやった成果は褒めません。

暇だから会社にいると思われます。逆に電気代がかかると嫌味を言われます。皆勤しているより、有休を取って外の世界を見てこいと言われます。その代わり、定時内での仕事は厳しいです。期限つきの仕事ばかりで、意味のない会議もムダな仕事もありません。

実は『北風と太陽』には続きがあるという説があります。

今度は旅人の帽子を脱がせる勝負。太陽は旅人を暖かく照らし続けます。旅人はどうしたか？ あまりの暑さに耐えられず帽子を深く被りました。太陽は旅人の帽子を取ることができなかったのです。続いて北風が登場し旅人に力いっぱい風を吹きかけました。すると一瞬で旅人の被っていた帽子は吹き飛んだのです。

44 残業しないチームは、残業してやった成果に対しては褒めない！

45 残業しないチームはがんばった時間を認めず、残業だらけチームはがんばった時間を称賛する。

大手専門学校で簿記の講義を受け持っていたときの話です。試験合格を目指してがんばっている生徒の熱意に応えるべく、合格という成果が出るように、工夫を凝らしながら講義をしていました。しかし、そんな中でも苦情をいただくことがあります。

学校全体で一番多い苦情は何だかわかりますか？

黒板の字が汚い、教え方が下手、声が聞き取りづらいなど、さまざまな意見が寄せられますが、ダントツ1位は「講義を延長すること」です。

講師は、受講生のことを考えて延長します。合格するという成果を上げるために延長してでも伝えたいことがあるのです。しかし、良かれと思ってする延長がクレームにつながるのです。

なぜかというと、受講生は3時間という講義時間内で合格レベルに達することを求めているからです。

確かに私の受講生時代を思い出すと、会社に戻らなければならなかったり、次の講義の前に予習をしたかったり、終電の時間があったりと、講義後に次の予定が組まれていて時間の余裕はありませんでした。延長されることによってしわ寄せがくるのです。


研修会社主催のセミナーで講師を依頼されることもあります。ここでも絶対にしてはいけないことが「延長すること」なのです。

受講している方々は、会社の指示で参加しています。５時終了のセミナーで仮に50人が受講していた場合。延長すると、その分の残業手当を依頼した会社が支払うことになります。１時間延長で時給３０００円なら、50人×３０００円×１時間で15万円もの予算外の支出を発生させることになるのです。


チームの場合にも同じことが言えます。

部下が資料を作成しました。見やすく、わかりやすく、過去のデータもそろっている素晴らしい資料でした。何日も何日も深夜まで残業してがんばりました。

このとき、**残業だらけチームのリーダーは、**

「いや〜毎晩遅くまでご苦労さま、毎日深夜まで残業して作っただけあるな！　時間をかけたから完璧だ。素晴らしい」

というような労いの言葉をかけます。言われた本人は嬉しいかもしれません。しかし時間をかけたことにフォーカスして褒めると、次回の資料も深夜まで残業してでも完璧に仕上げることになるのです。

これだと、時間をかけてでも成果を上げることがいいチームになってしまいます。また、周りで聞いている社員も、残業してでも成果を出さなければならない雰囲気になります。

私も新入社員の頃、時間をかけてでもいい仕事をしようと連日深夜まで資料作成をしたことがありました。

自信作をリーダーに渡すと、

「これぐらいの資料で遅くまで残業するなよ。能力がない証拠だぞ。石川君がこの資料作りに没頭していたから、先輩たちも他の仕事を頼みづらかったみたいだぞ」

と言われたのです。

そのときは成果を褒めてくれなかったことに腹が立ちましたが、20年経った今ならそのリーダーの気持ちがわかります。確かに時間をかければ、いい資料は作れるかもしれませんが、残業手当という余計なコストがかかります。そして、**その仕事の成果が上がったとしても、他の仕事を行う時間がなくなることによる損失も考えなければならない**のです。

残業しないチームのリーダーは、

「素晴らしい資料だな。どれぐらいの時間でできたの？ 残業して20時間か。ちょっと時間がかかりすぎだな。次回はレベルを落とさずに、10時間で終わらせるようにスピードアップを心がけよう。中間報告をしてくれたら必要な資料と不要な資料の選別の話もできるので、次回は途中経過を教えてくれ。ご苦労さま」

というように、限られた時間の中で成果を出さなければならないことを伝えます。

時間をかけてでも成果を出すチームではなく、限られた時間の中で成果を出すチームが、今後生き残れる強いチームなのです。

45 残業しないチームは、限られた時間で成果を出すように行動する！

46 残業しないチームはハリキリ、残業だらけチームはメリハリがない。

残業しないチームと残業だらけチームの違い。そのカギを握るのが残業に対する「意識の違い」です。

これまでチームの生産性を上げるコツをお伝えしてきましたが、そこに取り組むためにはまず「意識を変える」ことが必要です。

といってもこの「意識を変える」ことが何よりも難しいのです。自分1人が急に「残業しないで定時で帰ろう！」と叫んでも、空回りするだけ。そのまま放置していては、何も変わりません。

では、残業だらけチームの意識をどう変えていけばいいのでしょうか？

その答えを見つけるために、そもそもなぜ残業だらけになるのかを考えてみましょう。

原因は、「優先順位を考えない」「増えていく仕事を減らす気がない」「リーダーに言われたまま、どんな仕事も無理してこなす」。つまり、効率的に行う方法を自分の頭で考えることを放棄し、「じゃあ残業して終わらせればいいや」となってしまっていることです。

では、残業しないチームはどうでしょうか？

「優先順位の高い仕事からさっさと終わらせよう！」「慣例でやっている仕事の中で減らせるものを減らそう（なくそう）！」「リーダーに言われた仕事を工夫できないか、絶えず考えながら仕事をしよう！」とメリハリをつけて、そして何よりはりきって仕事をしているのです。

なぜ、このような違いが生まれるのか？　それは、「考え方の順序」が違うからです。

残業だらけチームは、「どうせ残業→アフターファイブはないに等しい」と考えて、残業しないチームは、「アフターファイブに目的がある→では残業しないためにはどうするか？」と考えます。

考え方の順序を変えるには、３つのステップが必要です。

まずは「残業して終わらせればいいや」という考え方を捨てることが第１ステップです。

第2ステップは、「早く帰って家族とゆっくり過ごす」などのご褒美を考えることです。「○○したい！」という妄想を膨らませるのも楽しいです。

第3ステップは、そのご褒美のためには何時に帰る必要があるか、残された時間内に終わらせるにはどうしたらいいかを計画することです。

この順序で考える習慣を身につけることから始めてみましょう。

逆算の思考ができれば、実践あるのみです。

「限られた時間でいかに仕事を終わらせるか」を解決するには、だらけがちな午後からの時間が勝負！

午前中に集中して仕事をした分、午後からの仕事は集中力が落ちてしまうという人もいるかもしれません。でも、昼食後のまったりした時間は、業務連絡などの打ち合わせ、銀行記帳、メールチェックなどの重要でない、緊急でもない、簡単な仕事を行えばいいのです。

そのあとは仕事を加速させるために、また午前中のような集中ゾーンに戻します。そのためには**自分に賞罰を与えるといいでしょう。**

例えば、「3時から2時間集中して企画書を作り、完成したら帰りにカラアゲ君チーズを買って帰ろう！」、「難易度の高い資料作り。定時までに全部できたらビール！　10ページなら発泡酒、5ページ未満なら麦茶で我慢しよう」とメリハリつけて働くのです。

もちろん個人だけではなく、チームでやるとより盛りあがります。

4人で誰が一番早くに成約を取れるか、今日は何件のお客様に配布資料を配れたかを競って、勝者にビールを御馳走するのもいいでしょう。

目的は、あなたがビールをタダ飲みすることではありません。チームみんなが「がんばろう」とはりきって仕事ができる環境を作ることです。

以前、私が勤めていた会社は、残業して当たり前。定時で帰ると上司に「そんなに早く帰って、家でやることあるの？」と嫌味を言われ、冷やかされるような会社でした。

今のチームは、「残業しているなんて余程、暇なんだな」と言われそうな雰囲気があります。チームのみんなが定時で帰ってやりたいことをしているからです。

46 残業しないチームは、残業してはいけないという意識を全員が持っている！

47

残業しないチームは経営理念が浸透し、残業だらけチームは浸透していない。

以下の文章が何かわかりますか?

「あなたの幸せが私の幸せ。世の為人の為。人類幸福繋がり創造即ち我らの使命なり。今まさに変革の時。ここに熱き魂と愛と情鉄の勇気と利他の精神を持つ者が結集せり。日々感謝喜び笑顔繋がりを確かな一歩とし地球の永続を約束する。公益の志溢れる我らの足跡に歴史の花が咲く。いざゆかん浪漫輝く航海へ」

上場会社の社是? 社訓? 綱領? 指針? 社歌? 観光地の石碑? 水産学校の校歌? さまざまな解答が出そうですが、どれも違います。

読みやすいように「句点」をつけていますが、本来はありません。そして最初に株式会社がつきます。

そうなんです。これは日本一長い会社名なのです(略称は「株式会社あなたの幸せが私の幸せ」)。

関東を中心に携帯電話を販売している会社です。以前の会社名は「もしもん株式会社」。株式会社を含めてもたったの８文字だった会社名から、１３７文字の会社名に変更したのです。

名づけ親で代表取締役の栗原志功氏によると、経営理念を浸透させるため、そしてお客様にも同一のメッセージを届けるために社名変更を考えていたら、次から次へと熱い思いが浮かんできて削れなくなってしまったそうです。

経営理念とは、経営活動を通じて実現しようとする信念、信条、理想です。会社というチームが現在と未来に向かって共有しなければならない概念でもあります。

経営理念が浸透している会社と、していない会社とでは大違いです。なぜなら仕事は決断の連続。**会社にとって有益な決断をするためには、会社がどのような方向へ進んでいるかを正しく認識している必要があります。**

経営理念があれば、その理念に従った決断を下すことができます。決断が速いと仕事も早く終わります。

経営理念が浸透していない会社は決断がぶれます。共通した認識がないので社員同士の意志疎通ができなかったり、方向性が違っていたりします。

判断を間違えるとミスが発生し、それを修正するのに時間がかかり、仕事も遅くなってしまいます。

経営理念の浸透具合で、残業しないチームと残業だらけチームに分かれるのです。

どれだけ長くても、自社名であれば社員は必然的に覚えなければなりません。覚える過程で毎日毎日繰り返し唱えます。お客様の前や、友人知人が珍しがって聞いてくるたびに、何度も口にします。

つまり、知らず知らずのうちに経営理念が浸透することになるのです。

「あなたの会社の名前も経営理念に変えましょう」とは言いませんが、以下のような取組みを行えば経営理念が浸透できるでしょう。

まず、**社内の目立つところに貼り、始業前に毎朝復唱します。**繰り返し唱えることで頭に刻み込まれます。

さらに、**名刺に経営理念を載せる**こともおすすめします。

名刺の専門家、福田剛大先生のセミナーを受けたときに、「夢を実現したければ名刺に夢やビジョン（経営理念）を書き込め！」と言われました。

さっそく新しい名刺に自分の夢や会社の経営理念を書いたのですが、名刺を取り出すたびに思い出しますし、名刺交換した相手と会社のビジョンをネタに話すこともあるので、さらに頭に刷り込まれます。すると、その理念にそった結果を出そうと自然に考えるのです。

残業しないチームは、経営理念が浸透しています。理念にそって決断することでブレがなく、早く決断することができるので仕事も早く終わるのです。

47／残業しないチームは、メンバーが経営理念を暗唱できる！

48

残業しないチームは仕事をゲームに変え、残業だらけチームは仕事を激務に変える。

あなたも中学2年生の頃にタイムスリップしたと思って、想像してみてください。

授業が終わり玄関を出たら、土砂降りの雨。持ってきたコウモリ傘では小さすぎて肩もカバンも濡れてしまう。早くやまないかなと思いつつ、塾があるから帰りを急がなければならない。もう、憂鬱で仕方がありません。

ふと気配を感じてふり向くと、小学校から大好きだった幼馴染の女の子が立っています。彼女は、傘を忘れて途方に暮れている。意を決して「入っていきなよ」と誘い、相合傘で自宅に帰る。雨に濡れないように小さな傘に身を寄せながら、この状況が永遠に続かないかなと考えます。

先ほどまでは「早くやまないかな」と願っていたのに、今は「やまないでくれ」と願っている。憂鬱な気分からドキドキな気分に一変しました。

一体何が変わったのでしょうか？

雨が降っている状況に変わりはありません。内面である心が変わったのです。

嫌だと思っている仕事、大変だと感じている仕事でも、同じことが言えます。仕事をやることには変わりありません。**内面である心を変えれば楽しく仕事を進められます。**

何度言っても宿題をやらない兄弟に、どちらが早く宿題を終わらせるか、時間を計って競い合わせると、急にはりきって宿題をやり始めます。

ペンキ塗りのボランティアを嫌々やっている子どもたち。ダラダラと塗っていたのにチーム制にして、どのチームが一番塗る量が多いかを競わせると、喜んでペンキ塗りを始めます。

宿題、ペンキ塗りという行為は変わっていません。嫌だと思っていたことが、競い合うことで楽しいゲームに変わったのです。

私も競争原理やゲーム感覚を利用して、私と部下、部下同士など、チームになって競い合いながら仕事を終わらせることがあります。

伝票整理とパソコンへの入力業務が同じぐらいのスピードであれば、タイムを競い合います。終わったあとは、お互いの仕事を交換し合いチェックをします。ひとつのミスで1分のタイムを加算するなど、仕事をゲームに変えるのです。

嫌な仕事、大変な仕事ほどゲーム感覚で進めると、部下も自分も楽しく仕事をすることができます。

楽しい仕事があるわけではありません。仕事を楽しくしているのです。

「楽しい」はパフォーマンスを上げることにつながります。

「仕事をゲームのように楽しもう」という考えに基づいて仕事をすると、部下も創意工夫をしようとするので早く終わります。疲れを持ち越さず、次の日もいいパフォーマンスで仕事を進められて、すべてに好循環です。

忙しいときに「仕事は激務」と考えてしまうと、身体はもとより心まで疲れてしまいます。特に大変と感じる仕事を嫌々やると、仕事の量が多いうえに気乗りもしないので、仕事も遅くなり残業になりがちです。

私が知っている成功しているチームは、仕事自体を楽しんでいます。仕事そのものがゲームだと考えている人が多いのも事実です。

残業だらけチームは、リーダーが次々と仕事を部下に指示することで、激務に変えてしまいます。部下のストレスにもなり、かえって仕事が遅くなります。

残業しないチームは、嫌な仕事、単調な作業にゲーム感覚を取り入れます。仕事をゲームに変えることで、楽しくなり、アイデアが出て、集中して取り組むことができ、仕事が早く片づくのです。

48 残業しないチームは、忙しいときでも仕事を楽しむ！

49

残業しないチームは身の丈サイズ、残業だらけチームは牛カエル。

以前の取引先で、黒字なのに倒産してしまった会社がありました。その会社は、売れれば売れるだけ商品を作り続け、8名の職人は遅くまで残業、土日も休まず働き続けました。そのうち、年配の職人が過労で倒れ入院。特殊技能がいるため、すぐに人員を募集することもできません。

残った職人たちは入院した職人の仕事を分担し、以前にも増して働き続けました。やがて負担が重くなり、心身ともに疲れてしまい、続けざまに3人が退職。結局働き手がいなくなり、その会社は倒産しました。

黒字であるにもかかわらず、事業そのものが立ちいかなくなったのです。

一方、私の顧問先で、前記の会社と同業種で、資本金や従業員数もほぼ同じ会社がありました。この会社は、今でも好調に営業を続けています。

倒産した会社との違いは何か？
それはチーム全員で数値目標を立てているかどうかです。

年間売上目標２億円
粗利益率30％
最終利益目標１０００万円　など

この目標は、経営陣のみならず管理職、従業員すべてを巻き込み、議論に議論を重ねて作った数値目標です。
「当社が生き残っていくためには」、「工場の老朽化を考え、維持や設備投資をするためには」、「社会に貢献するためには」、そんな未来を考えながら、経営理念とセットで設定しました。もちろんすべての数字が、途方もなく高い目標ではありません。チームで協力し合えば実現可能な数字です。

さらに、支店や販売する商品にも細かく目標数字を決めました。

本社の売上目標が1億、上野支店は6000万、秋葉原支店は4000万。A商品は1億、B商品は3000万、C商品は1000万などといった調子で細分化して目標を掲げたのです。

数値目標を掲げたことにより、どの商品が、どの支店で、どれだけ売れ、いくら足りないかが数字で把握できるようになりました。

本社で売上目標が達成されないときは他店が応援し、全体で売上目標が達成されない場合にはコストを見直すなど、**会社全体がチームとなって助け合うことで業績の悪い時期も乗りきれています。**

数字で目標を掲げることは「経営を見える化」したということです。漠然とがんばるのではなく、チームがその目標数値を達成するためにがんばるので、数値を上回ったときには達成感を味わうこともできます。

実はこの会社も、黒字にもかかわらず倒産しそうな時期がありました。数値目標を立てていないため行き当たりバッタリとなり、売れれば売れるだけ残業をして商品を作り続けた結果、疲弊した従業員が次々と退職していったのです。

こうした状況は、イソップ童話の『カエルと牛』に似ています。

初めて牛を見た兄弟カエルは、母親に「怪物がいた」と伝えます。「大きいってこれくらいかい?」と腹を膨らませる母カエル。牛の大きさに近づくために、どんどん腹を膨らませ、最終的に母カエルの腹はパーンと破裂してしまうのです。

牛の大きさに近づこうとして破裂する母カエル。売れているからと仕事を増やし、残業を続けることで社員が疲弊し、倒産してしまう会社。どちらも際限なく続けることで破滅してしまいます。

売れるから残業し続けるのではなく、具体的な数値目標に向かって仕事をする。売上目標が達成できないときは、過度な残業で補うのではなく、コスト削減に努めて目標をクリアする。そのような方針に切り替えた結果、この会社は堅調に業績を伸ばし続けています。

49 残業しないチームは、数値目標を基準に仕事を進める!

50

残業しないチームは決まった時間で利益を確保し、残業だらけチームは長時間労働で確保する。

会社の利益を計算すること自体は簡単です。収益から費用を差し引くことで求められます（収益－費用＝利益）。

例えば、消しゴム専門店を経営しているとします。1個30円の消しゴムを10万個（300万円分）仕入れてきて、1個100円で販売しました。すべて売れれば1000万円（100円×10万個）が入ってきます。このお金が入ってくる原因を収益と言います。

収益1000万円から仕入れの代金300万円を差し引いた700万円が、会社の利益になります（1000万円－300万円＝700万円）。

支出が仕入れ代金しかなければ、会社は700万円の利益になります。

しかし消しゴムを販売するためには、一生懸命働いてくれている従業員への給料の支払い、新聞の折り込み広告に使用した広告料の支払い、光熱費の支払いなどが生じます。会社を経営するには、さまざまな支出が伴うのです。この支出を費用と言います。

仮に費用（支出）のトータルが９００万円だとすると、収益１０００万円から費用９００万円を差し引いた１００万円（１０００万円－９００万円＝１００万円）が利益となり、一気に少なくなります。

利益は、会社の運転資金にあてられます。利益が出ればそのお金で運用でき、出なければ銀行などから資金を借りて賄《まかな》わなければなりません。赤字が続くと、会社は最悪倒産してしまいます。

会社の利益目標が、仮に毎年３００万円だった場合。

１００万円から３００万円に利益を上げるためには2種類の方法しかありません。

販売する金額を上げるか、支出を下げるかです。

つまり収益を上げるか、費用を下げるかです。

収益である消しゴムの販売価格を１２００万円に上げた場合、１２００万円－９００万円＝３００万円。

費用を２００万円削減すると１０００万円－７００万円＝３００万円。

どちらも、目標の３００万円の利益を計上することができます。

ある会社は、販売する金額を上げることで利益を300万円確保しようとしました。残業してでも注文を取って収益を増やそう。そのために毎日遅くまで残業しました。深夜も休日も出勤しました。やっと販売目標の1200万円に到達しました。

1200万円－900万円＝300万円

このように300万円の利益が出るでしょうか？

実は出ないのです。

なぜなら**残業をしたことにより、残業手当、深夜手当、休日出勤手当という新たな費用が発生するからです。**新たな費用に100万円支払ったら、1200万円－1000万円で200万円。残業することで新たな支出を伴います。

残業だらけチームは、長時間働くことで利益を確保しようとします。それでは残業手当分の支出も上乗せして働かなければならず、残業した分を残業で取り戻すという悪循環におちいります。

収益を増やして300万円の利益を計上するためには、**残業しないで販売を増やす仕組**

み作りが必要です。

「大丈夫です。当社では残業手当を支給していないから心配ありません」

そんな意味不明な自信をのぞかせている経営者もいます。

しかし年功序列、終身雇用、そして悪い意味で忠誠心を会社に誓っていた時代は終わりました。離職率も高く、インターネット時代になり従業員には横の情報も入るようになりました。何かあれば訴えることも容易です。

そして何より、まともに残業手当も支給されない会社では、社員のモチベーションが上がりません。

生産性の低い残業だらけチームは、残業することで利益を確保しようとします。残業手当分の費用も上乗せして働かなければならず、残業に残業を重ねる悪循環になるのです。

50 残業しないチームは、残業手当が利益をどれだけ削るか知っている！

おわりに

時は永遠ではありません。

普段意識していないだけで、必ず期限がやってきます。


学校を卒業する期限。

この場所で過ごす期限。

この人といる期限。

そして、この世界にいる期限。

すべては、いつまでという期限で区切られています。


話は大きくなりますが「命って何?」という質問に、あなたは、どう答えるでしょうか?

「命」とは、別の表現をすると「生まれてから死ぬまでの期間」です。

その期間は時間で表すことができます。

平均寿命の80歳まで生きるとしたら、80年×365日×24時間＝700800時間。

命は、約70万時間。

この時間（命）を使って仕事をしているのです。たとえお金をもらう見返りだったとしても、時間（命）を使って仕事をしているのだから、仕事が苦しくて嫌なことばかりではダメです。楽しいか、有意義か、自分の生きている証になっているか、人の役に立っているか。その仕事に命（時間）を使うに値する意義がなければならないのです。

ひとつ後悔していることがあります。激務で忙しかった30代。「パパ遊んで！」とせがまれているときは、残業だらけで構ってあげられない。落ち着いたら旅行にでも連れていってあげようと思っているうちに子どもは成長し、部活や友人との遊びで忙しく、今度は子どもに構ってもらえない。

子どもは、あっという間に成長します。パパと呼ばれていたのに、気づいたときにはお父さん。子どもは永遠に自分の子どもですが、あの握りしめたら握り返してくる小さな手は、すぐに大きくなり、親から離れていきます。

今できることを今したい！

いろんな人と出会い、いろんなことを勉強し、いろんなところへ旅行に行く。

そのためには、まず残業をゼロにする必要があります。

残業をゼロにしたら、
どこに行きたいですか？
誰と過ごしたいですか？
何をして過ごしたいですか？

最後になりましたが、出版にあたりご協力いただいた多くの方々に、この場を借りて御礼を申し上げます。

明日香出版社の久松圭祐さん。前作に続き、企画の立案から構成、チームで残業をなくす必要性などのアドバイスをいただき、本当にありがとうございます。

友人である朝倉真弓さん、廣政明香さん、星野絢子さん、石原恵理さん。的確なアドバイス、原稿チェック、情報収集。おかげで執筆に集中することができました。本当にありがとう。

田舎にいる母さん。いくつになっても健康を気遣い、応援してくれ、見守り励まし、どんなときでも最後は味方になってくれて、ありがとう。

真理、天聖、凜。3人の笑顔が、書き続けられる原動力になっているよ。

そして、この本を読んでくださったあなた。ひとつでも多く実践できるところを見つけ、習慣化していただければ幸いです。

石川 和男

［著者］

石川和男（いしかわ・かずお）

建設会社総務経理担当部長、大学講師、時間管理コンサルタント、セミナー講師、税理士と、5つの仕事を掛け持ちするスーパーサラリーマン。


1968年北海道生まれ。埼玉在住。

大学卒業後、建設会社に入社。経理部なのに簿記の知識はゼロ。上司に叱られ怒鳴られて過ごす。はじめて管理職になったときには、部下に仕事を任せられない、優先順位がつけられない、スケジュール管理ができない、ないない尽くしのダメ上司。深夜11時まで残業をすることで何とか仕事を終わらせる日々が続く。体調を崩し、ストレスから体重も1年で10キロ増加。このままでは人生が駄目になると一念発起。時間管理やリーダー論のビジネス書を1年で100冊読み、仕事術関係のセミナーを月1回受講するというノルマを課し、良いコンテンツやノウハウを取り入れ、実践することで徐々に残業を減らしていく。さらに個人だけではなくチームとしても効率的な時間の使い方を研究し、最終的には生産性を下げずに残業しないチーム作りを実現させる。

また空いた時間で、各種資格試験にも挑戦。働きながら、税理士、宅地建物取引士、建設業経理事務士1級などの資格試験に合格。建設会社のほか税理士、講師の仕事もはじめる。

建設会社ではプレイングマネージャー、コンサルでは時間管理をアドバイスし、税理士業務では多くの経営者と仕事をし、セミナーでは「生産性向上」や「残業ゼロ」の講師をすることで、残業しないチームの研究を日々続けている。


〈著書〉

『仕事が「速いリーダー」と「遅いリーダー」の習慣』（明日香出版社）、『30代で人生を逆転させる1日30分勉強法』、『30代で人生を逆転させる残業ゼロの時間術』（共にCCCメディアハウス）

「残業しないチーム」と「残業だらけチーム」の習慣

2017年　10月　17日　初版発行
2022年　3月　1日　第29刷発行

著　者　石川和男
発行者　石野栄一
発行所　明日香出版社
〒112-0005　東京都文京区水道2-11-5
電話　03-5395-7650（代表）
https://www.asuka-g.co.jp

印　刷　株式会社文昇堂
製　本　根本製本株式会社

 ISBN 978-4-7569-1929-8 C0034

ISBN978-4-7569-1395-1

残業させないチーム仕事術

石谷 慎悟著

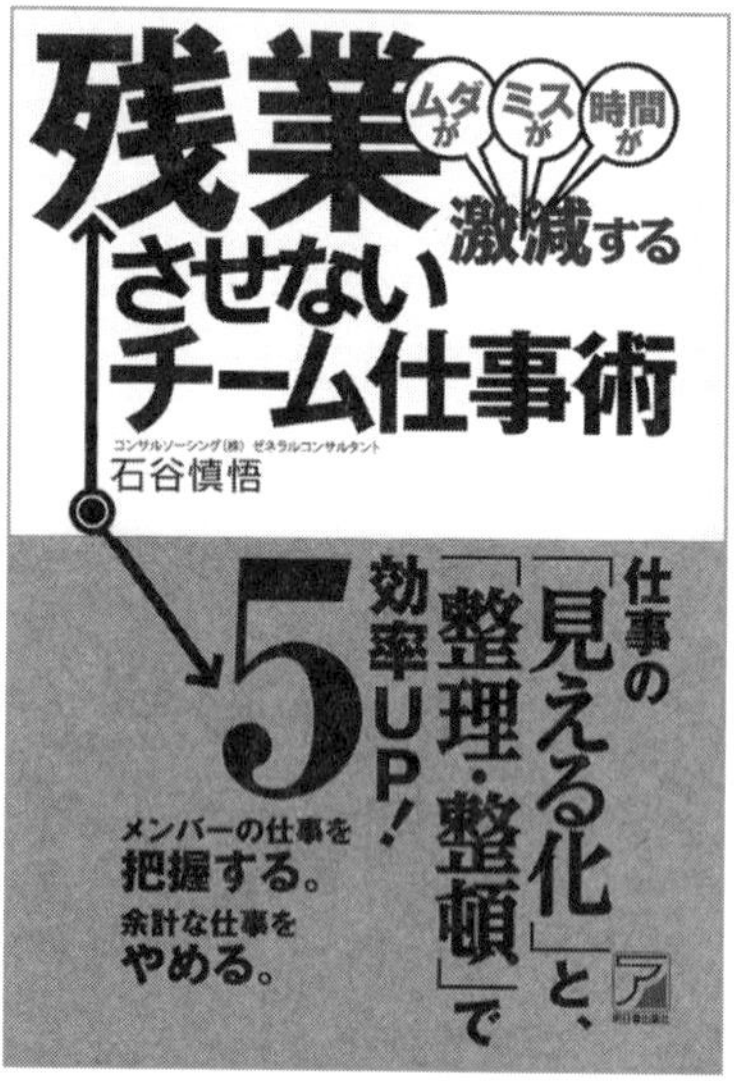

B6 並製　224 ページ　本体 1500 円＋税

ワークライフバランスという考え方が浸透しはじめ、仕事は大事だがプライベートも充実したいというビジネスパーソンが増えてきています。仕事の「見える化」で問題点を洗い出し、仕事を「捨てる」・「ならす」・「流れるようにする」ことで、効率がよく生産性の高いチームを作ることができます。

ISBN978-4-7569-1893-2

リーダーの一流、二流、三流

吉田 幸弘著

B6 並製　240 ページ　本体 1500 円＋税

一流リーダーを目指すためにはどうすればいいのかを説いた本です。
仕事術、時間術、コミュニケーション、心得など、
リーダーが押さえておかなければならないスキルと考え方を一流、二流、三流という 3 段階の視点でまとめました。

ISBN978-4-7569-1840-6

仕事が「速いリーダー」と「遅いリーダー」の習慣

石川 和男著

B6 並製　240 ページ　本体 1500 円＋税

プレイングマネージャーと言われる管理職が増えてきました。彼らは、実務をこなしながら、部下の面倒も見なければなりません。従って、毎日忙しい日々に追われ、自分の時間を持つことができないのです。本書は、リーダーの仕事を早く行うための習慣を 50 項目にまとめました。